卷首语

党的十八届三中全会从全面深化改革、建设法治中国的高度，对人民法院推进司法公开提出了更新更高的要求。随着信息技术的飞速发展和经济社会形势的不断变化，公众获取信息的渠道更多元、方式更便利、效率更快捷，对公共事务日益关切，对人民法院的司法公开工作也有了更多新要求新期待，如希望随时查询案件进程、在线预约诉讼服务、获取裁判文书、向法院反馈信息，等等。

为贯彻十八届三中全会精神，适应信息化时代新要求，满足人民群众对司法公开的新期待，保障社会公众对司法知情权和监督权的实现，最高人民法院在广泛调研的基础上，于 2013 年 11 月发布《关于推进司法公开三大平台建设的若干意见》和《关于人民法院在互联网公布裁判文书的规定》，就全面推进司法公开三大平台建设以及人民法院在互联网公布裁判文书提出明确目标和具体要求。为帮助广大法官切实了解和掌握上述意见和决定的精神和内容，本辑刊登了最高人民法院司法改革领导小组办公室负责人答记者问的文章。

2013 年 11 月，最高人民法院发布第五批共 6 个指导性案例，内容涉及合同纠纷、劳动合同纠纷、机动车交通事故责任纠纷、侵害发明专利权纠纷、人防行政征收案、收回土地使用权批复案等，供各级人民法院审判类似案件时参照。

图书在版编目（CIP）数据

商事法律文件解读．总第107辑/奚晓明主编．—北京：人民法院出版社，2013.12
（最新法律文件解读丛书）
ISBN 978-7-5109-0868-2

Ⅰ.①商… Ⅱ.①奚… Ⅲ.①商法-法律解释-中国 Ⅳ.①D923.995

中国版本图书馆CIP数据核字（2013）第310023号

商事法律文件解读．总第107辑
主编 奚晓明

责任编辑 孙振宇
出版发行 人民法院出版社
地 址 北京市东城区东交民巷27号 邮编 100745
电 话 （010）67550519（责任编辑） 67550558（发行部查询）
65223677（读者服务部）
网 址 http：//www.courtbook.com.cn
E-mail courtbook@sina.com
印 刷 北京人卫印刷厂
经 销 新华书店
开 本 787×1092毫米 1/16
字 数 140千字
印 张 8
版 次 2013年12月第1版 2013年12月第1次印刷
书 号 ISBN 978-7-5109-0868-2
定 价 16.00元

《最新法律文件解读》丛书
编　委　会

执行编辑　孙振宇
电　　话　（010）67550519
邮　　箱　shangshijiedu@126.com

目　录

[行政法规、法规性文件与解读]

国务院
关于开展优先股试点的指导意见

2013 年 11 月 30 日　　　　　　　　　　　　国发〔2013〕46 号

各省、自治区、直辖市人民政府，国务院各部委、各直属机构：

为贯彻落实党的十八大、十八届三中全会精神，深化金融体制改革，支持实体经济发展，依照公司法、证券法相关规定，国务院决定开展优先股试点。开展优先股试点，有利于进一步深化企业股份制改革，为发行人提供灵活的直接融资工具，优化企业财务结构，推动企业兼并重组；有利于丰富证券品种，为投资者提供多元化的投资渠道，提高直接融资比重，促进资本市场稳定发展。为稳妥有序开展优先股试点，现提出如下指导意见。

一、优先股股东的权利与义务

（一）优先股的含义。优先股是指依照公司法，在一般规定的普通种类股份之外，另行规定的其他种类股份，其股份持有人优先于普通股股东分配公司利润和剩余财产，但参与公司决策管理等权利受到限制。

除本指导意见另有规定以外，优先股股东的权利、义务以及优先股股份的管理应当符合公司法的规定。试点期间不允许发行在股息分配和剩余财产分配上具有不同优先顺序的优先股，但允许发行在其他条款上具有不同设置的优先股。

（二）优先分配利润。优先股股东按照约定的票面股息率，优先于普通股股东分配公司利润。公司应当以现金的形式向优先股股东支付股息，在完全支付约定的股息之前，不得向普通股股东分配利润。

公司应当在公司章程中明确以下事项：（1）优先股股息率是采用固定股息率还是浮动股息率，并相应明确固定股息率水平或浮动股息率计算方法。（2）公司在有可分配税后利润的情况下是否必须分配利润。（3）如果公司因本会计年度可分配利润不足而未向优先股股东足额派发股息，差额部分是否累积到下一会计年度。（4）优先股股东按照约定的股息率分配股息后，是否有权同普通股股东一起参加剩余利润分配。（5）优先股利润分配涉及的其他事项。

（三）优先分配剩余财产。公司因解散、破产等原因进行清算时，公司财产在按照公司法和破产法有关规定进行清偿后的剩余财产，应当优先向优先股股东支付未派发的股息和公司章程约定的清算金额，不足以支付的按照优先股股东持股比例分配。

（四）优先股转换和回购。公司可以在公司章程中规定优先股转换为普通股、发行人回购优先股的条件、价格和比例。转换选择权或回购选择权可规定由发行人或优先股股东行使。发行人要求回购优先股的，必须完全支付所欠股息，但商业银行发行优先股补充资本的除外。优先股回购后相应减记发行在外的优先股股份总数。

（五）表决权限制。除以下情况外，优先股股东不出席股东大会会议，所持股份没有表决权：（1）修改公司章程中与优先股相关的内容；（2）一次或累计减少公司注册资本超过百分之十；（3）公司合并、分立、解散或变更公司形式；（4）发行优先股；（5）公司章程规定的其他情形。上述事项的决议，除须经出席会议的普通股股东（含表决权恢复的优先股股东）所持表决权的三分之二以上通过之外，还须经出席会议的优先股股东（不含表决权恢复的优先股股东）所持表决权的三分之二以上通过。

（六）表决权恢复。公司累计 3 个会计年度或连续 2 个会计年度未按约定支付优先股股息的，优先股股东有权出席股东大会，每股优先股股份享有公司章程规定的表决权。对于股息可累积到下一会计年度的优先股，表决权恢复直至公司全额支付所欠股息。对于股息不可累积的优先股，表决权恢复直至公司全额支付当年股息。公司章程可规定优先股表决权恢复的其他情形。

（七）与股份种类相关的计算。以下事项计算持股比例时，仅计算普通股和表决权恢复的优先股：（1）根据公司法第一百零一条，请求召开临时股东大会；（2）根据公司法第一百零二条，召集和主持股东大会；（3）根据公司法第一百零三条，提交股东大会临时提案；（4）根据公司法第二百一十七条，认定控股股东。

二、优先股发行与交易

（八）发行人范围。公开发行优先股的发行人限于证监会规定的上市公司，非公开发行优先股的发行人限于上市公司（含注册地在境内的境外上市公司）和非上市公众公司。

（九）发行条件。公司已发行的优先股不得超过公司普通股股份总数的百分之五十，且筹资金额不得超过发行前净资产的百分之五十，已回购、转换的优先股不纳入计算。公司公开发行优先股以及上市公司非公开发行优先股的其他条件适用证券法的规定。非上市公众公司非公开发行优先股的条件由证监会另行规定。

（十）公开发行。公司公开发行优先股的，应当在公司章程中规定以下事项：（1）采取固定股息率；（2）在有可分配税后利润的情况下必须向优先股股东分配股息；（3）未向优先股股东足额派发股息的差额部分应当累积到下一会计年度；（4）优先股股东按照约定的股息率分配股息后，不再同普通股股东一起参加剩余利润分配。商业银行发行优先股补充资本的，可就第（2）项和第（3）项事项另行规定。

（十一）交易转让及登记存管。优先股应当在证券交易所、全国中小企业股份转让系统或者在国务院批准的其他证券交易场所交易或转让。优先股应当在中国证券登记结算公司集中登记存管。优先股交易或转让环节的投资者适当性标准应当与发行环节一致。

（十二）信息披露。公司应当在发行文件中详尽说明优先股股东的权利义务，充分揭示风险。同时，应按规定真实、准确、完整、及时、公平地披露或者提供信息，不得有虚假记载、误导性陈述或重大遗漏。

（十三）公司收购。优先股可以作为并购重组支付手段。上市公司收购要约适用于被收购公司的所有股东，但可以针对优先股股东和普通股股东提出不同的收购条件。根据证券法第八十六条计算收购人持有上市公司已发行股份比例，以及根据证券法第八十八条和第九十六条计算触发要约收购义务时，表决权未恢复的优先股不计入持股数额和股本总额。

（十四）与持股数额相关的计算。以下事项计算持股数额时，仅计算普通股和表决权恢复的优先股：（1）根据证券法第五十四条和第六十六条，认定持有公司股份最多的前十名股东的名单和持股数额；（2）根据证券法第四十七条、第六十七条和第七十四条，认定持有公司百分之五以上股份的股东。

三、组织管理和配套政策

（十五）加强组织管理。证监会应加强与有关部门的协调配合，积极稳妥地组织开展优先股试点工作。证监会应当根据公司法、证券法和本指导意见，制定并发布优先股试点的具体规定，指导证券自律组织完善相关业务规则。

证监会应当加强市场监管，督促公司认真履行信息披露义务，督促中介机构诚实守信、勤勉尽责，依法查处违法违规行为，切实保护投资者合法权益。

（十六）完善配套政策。优先股相关会计处理和财务报告，应当遵循财政部发布的企业会计准则及其他相关会计标准。企业投资优先股获得的股息、红利等投资收益，符合税法规定条件的，可以作为企业所得税免税收入。全国社会保障基金、企业年金投资优先股的比例不受现行证券品种投资比例的限制，具体政策由国务院主管部门制定。外资行业准入管理中外资持股比例优先股与普通股合并计算。试点中需要配套制定的其他政策事项，由证监会根据试点进展情况提出，商有关部门办理，重大事项报告国务院。

[司法解释、司法解释性文件与解读]

最高人民法院

印发《关于推进司法公开三大平台建设的若干意见》的通知

2013年11月21日　　法发〔2013〕13号

全国地方各级人民法院，各级军事法院，新疆生产建设兵团各级法院：

现将《最高人民法院关于推进司法公开三大平台建设的若干意见》予以印发，请认真贯彻执行。

附：

最高人民法院

关于推进司法公开三大平台建设的若干意见

为贯彻党的十八届三中全会精神，进一步深化司法公开，依托现代信息技术，打造阳光司法工程，全面推进审判流程公开、裁判文书公开、执行信息公开三大平台建设，增进公众对司法的了解、信赖和监督，现结合人民法院工作实际，提出如下意见。

一、推进司法公开三大平台建设的意义、目标和要求

1. 充分认识推进司法公开三大平台建设的重大意义。建设司法公开三大平台，是人民法院适应信息化时代新要求，满足人民群众对司法公开新期待的重要战略举措。人民法院应当以促进社会公平正义、增加人民福祉为出发点和落脚点，全面推进司法公开三大平台建设。

2. 努力实现推进司法公开三大平台建设的基本目标。人民法院应当通过建设与公众相互沟通、彼此互动的信息化平台，全面实现审判流程、裁判文书、执行信息的公开透明，使司法公开三大平台成为展示现代法治文明的重要窗口、保障当事人诉讼权利的重要手段、履行人民法院社会责任的重要途径。通过全面推进司法公开三大平台建设，切实让人民群众在每一个司法案件中都感受到公平正义。

3. 准确把握推进司法公开三大平台建设的总体要求。人民法院应当提高认识，转变观念，严格按照以下要求推进司法公开三大平台建设：

（1）统一规划，有序推进。人民法院应当在最高人民法院的统一指导下，在各高级人民法院的统筹规划下，立足实际，循序渐进，有计划、分批次地推进司法公开三大平台建设。司法公开示范法院和信息化建设有一定基础的法院，应当率先完成建设任务。

（2）科技助推，便捷高效。人民法院应当依托现代信息技术，不断创新公开方式，拓宽公开渠道，通过建立网上办案系统与司法公开平台的安全输送、有效对接机制，实现各类信息一次录入、多种用途、资源共享，既方便公众和当事人查询，又避免重复劳动，最大限度地减少审判人员的工作负担。

（3）立足服务，逐步拓展。人民法院应当充分发挥司法公开三大平台在资讯提供、意见搜集和信息反馈方面的作用，逐步开发其在远程预约立案、公告、送达、庭审、听证、查控方面的辅助功能，提升互动服务效能。公众通过平台提出的意见和建议，应当成为人民法院审判管理、审判监督、纪检监察和改进工作的重要依据。

二、推进审判流程公开平台建设

4. 人民法院应当加强诉讼服务中心（立案大厅）的科技化与规范化建设，利用政务网站、12368 电话语音系统、手机短信平台、电子公告屏和触摸屏等

现代信息技术，为公众提供全方位、多元化、高效率的审判流程公开服务。

5. 人民法院应当通过审判流程公开平台，向公众公开以下信息：（1）法院地址、交通图示、联系方式、管辖范围、下辖法院、内设部门及其职能、投诉渠道等机构信息；（2）审判委员会组成人员、审判人员的姓名、职务、法官等级等人员信息；（3）审判流程、裁判文书和执行信息的公开范围和查询方法等司法公开指南信息；（4）立案条件、申请再审、申诉条件及要求、诉讼流程、诉讼文书样式、诉讼费用标准、缓减免交诉讼费用的程序和条件、诉讼风险提示、可供选择的非诉讼纠纷解决方式等诉讼指南信息；（5）审判业务文件、指导性案例、参考性案例等审判指导文件信息；（6）开庭公告、听证公告等庭审信息；（7）人民陪审员名册、特邀调解组织和特邀调解员名册、评估、拍卖及其他社会中介入选机构名册等名册信息。

6. 人民法院应当整合各类审判流程信息，方便当事人自案件受理之日起，凭密码从审判流程公开平台获取以下信息：（1）案件名称、案号、案由、立案日期等立案信息；（2）合议庭组成人员的姓名、承办法官与书记员的姓名、办公电话；（3）送达、管辖权处理、财产保全和先予执行情况；（4）庭审时间、审理期限、审限变更、诉讼程序变更等审判流程节点信息。

7. 人民法院应当积极推进诉讼档案电子化工程，完善转化流程、传送机制和备份方式，充分发挥电子卷宗在提高效率、节约成本、便民利民方面的功能。

8. 人民法院应当积极创新庭审公开的方式，以视频、音频、图文、微博等方式适时公开庭审过程。人民法院的开庭公告、听证公告，至迟应当于开庭、听证三日前在审判流程公开平台公布。

9. 人民法院应当加强科技法庭建设，对庭审活动全程进行同步录音录像，做到“每庭必录”，并以数据形式集中存储、定期备份、长期保存。当事人申请查阅庭审音像记录的，人民法院可以提供查阅场所。

三、推进裁判文书公开平台建设

10. 最高人民法院建立中国裁判文书网，作为全国法院统一的裁判文书公开平台。地方各级人民法院应当在政务网站的醒目位置设置中国裁判文书网的网址链接，并严格按照《最高人民法院关于人民法院在互联网公布裁判文书的规定》，在裁判文书生效后七日内将其传送至中国裁判文书网公布。人民法院可以通过政务微博，以提供链接或长微博等形式，发布社会关注度高、具有法制教育、示范和指导意义的案件的裁判文书。

11. 在互联网公布裁判文书应当以公开为原则，不公开为例外，不得在法律和司法解释规定之外对这项工作设置任何障碍。各级人民法院对其上传至中国裁判文书网的裁判文书的质量负责。

12. 人民法院应当严格把握保障公众知情权与维护公民隐私权和个人信息安全之间的关系，结合案件类别，对不宜公开的个人信息进行技术处理。对于因网络传输故障或技术处理失误导致当事人信息被不当公开的，人民法院应当依照程序及时修改或者更换。

13. 中国裁判文书网应当提供便捷有效的查询检索系统，方便公众按照关键词对在该网公布的裁判文书进行检索，确保裁判文书的有效获取。

14. 最高人民法院率先推动本院裁判文书在互联网公布，并监督指导地方各级人民法院在互联网公布裁判文书的工作。各高级人民法院监督指导辖区内法院在互联网公布裁判文书的工作。各级人民法院应当指定专门机构，负责在互联网公布裁判文书的组织、管理、指导和监督工作，并完善工作流程，明确工作职责。

四、推进执行信息公开平台建设

15. 人民法院应当规范执行信息的收集、交换和使用行为，在确保信息安全的前提下，实现上下级法院之间、异地法院之间、同一法院的立案、审判与执行部门之间的执行信息共享。

16. 人民法院应当整合各类执行信息，方便当事人凭密码从执行信息公开平台获取以下信息：（1）执行立案信息；（2）执行人员信息；（3）执行程序变更信息；（4）执行措施信息；（5）执行财产处置信息；（6）执行裁决信息；（7）执行结案信息；（8）执行款项分配信息；（9）暂缓执行、中止执行、终结执行信息等。

17. 人民法院应当通过执行信息公开平台，向公众公开以下信息：（1）执行案件的立案标准、启动程序、执行收费标准和根据、执行费缓减免的条件和程序；（2）执行风险提示；（3）悬赏公告、拍卖公告等。

18. 人民法院应当对重大执行案件的听证、实施过程进行同步录音录像，并允许当事人依申请查阅。有条件的人民法院应当为执行工作人员配备与执行指挥中心系统对接的信息系统，将执行现场的视频、音频通过无线网络实时传输回执行指挥中心，并及时存档，实现执行案件的全程公开。

19. 人民法院应当充分发挥执行信息公开平台对失信被执行人的信用惩戒功能，向公众公开以下信息，并方便公众根据被执行人的姓名或名称、身份证号或组织机构代码进行查询：（1）未结执行实施案件的被执行人信息；（2）失信被执行人名单信息；（3）限制出境被执行人名单信息；（4）限制招投标被执行人名单信息；（5）限制高消费被执行人名单信息等。

20. 人民法院应当为各类征信系统提供科学、准确、全面的信息，实现执行信息公开平台与各类征信平台的有效对接。

五、工作机制

21. 加强组织领导，强化工作保障。最高人民法院统一指导全国法院的司法公开三大平台建设工作，制定推进规划，开发配套软件，确定评估标准，定期督促检查。各高级人民法院具体统筹辖区内法院的司法公开三大平台建设工作，完善实施细则，协调解决问题，总结推广经验。各级人民法院主要领导要把司法公开三大平台建设作为“一把手”工程，列入重要议事日程，积极主动争取党委、人大和政府的支持。要切实采取有效措施，不断完善硬件设施和技术条件，为司法公开三大平台建设提供强有力的物质保障。

22. 做好统筹协调，完善配套机制。各级人民法院要明确管理机构，专门负责推进司法公开三大平台建设工作。要建立有效的协调机制，加强司法公开管理部门与业务部门的沟通配合，提升一线人员在司法公开工作上的责任心、积极性。要加强上级法院对下级法院深化司法公开工作的指导责任，及时总结经验、纠正偏差。

23. 加强督促检查，狠抓工作落实。对司法公开三大平台建设工作的检查评估，要采取督查、抽查和自查相结合的方式，注重三大平台运行的系统性、顺畅性和有效性，不能只追求排名和指标，更不能搞形式主义。要扎实做好司法公开三大平台的宣传工作，确保人民法院深化司法公开的举措为公众知悉，受公众检验，被公众认可。

依托现代信息技术　打造阳光司法工程

——最高人民法院司法改革领导小组办公室负责人就《关于推进司法公开三大平台建设的若干意见》答记者问

2013年11月21日，最高人民法院发布了《关于推进司法公开三大平台建设的若干意见》（以下简称《意见》），就人民法院如何全面推进审判流程公开、裁判文书公开和执行信息公开三大平台建设提出了具体要求。就此，最高人民法院司法改革领导小组办公室负责人回答了记者的提问。

问：请简要介绍一下《意见》的起草背景？

答：人民法院历来高度重视司法公开工作，始终把深化司法公开作为推进司法改革的重要内容。近年来，最高人民法院开通了中国裁判文书网，成立新闻局和信息中心，出台了一系列关于司法公开的意见和规定，在全国确定200个司法公开示范法院，充分显示了人民法院全面推进司法公开的信心和决心。地方各级人民法院在深化司法公开方面进行了积极有效的探索，积累了许多好的经验。

党的十八届三中全会从全面深化改革、建设法治中国的高度，对人民法院推进司法公开提出了更新更高的要求。随着信息技术的飞速发展和经济社会形势的不断变化，公众获取信息的渠道更多元、方式更便利、效率更快捷，对公共事务日益关切，对人民法院的司法公开工作也有了更多新要求新期待，如希望随时查询案件进程、在线预约诉讼服务、获取裁判文书、向法院反馈信息，等等。为贯彻十八届三中全会精神，适应信息化时代新要求，满足人民群众对司法公开的新期待，最高人民法院在广泛调研的基础上制定并公开发布这个《意见》，就全面推进司法公开三大平台建设提出明确目标和具体要求。

问：《意见》主要包括哪些内容？有哪些主要特点？

答：《意见》包括五大部分，第一部分明确了推进司法公开三大平台的重大意义、基本目标和总体要求。第二、三、四部分依次对审判流程公开、裁判文书公开、执行信息公开三大平台建设提出了具体要求。第五部分对推进司法公开三大平台建设的工作机制提出明确要求，涉及组织领导、物质保障、统筹协调和督促协调等各个层面。

为了使《意见》更加符合时代需求和审判实际，最高人民法院在文件起草期间，召开了数十场调研会，广泛听取了地方各级人民法院和互联网专家、法律学者与律师群体的意见建议。《意见》的主要特点在于：一是具有时代特色。集中反映了人民群众对司法公开的最新需求，吸收了各地法院深化司法公开的新经验，体现了互联网时代信息技术发展的新特色。二是尊重司法规律。根据人民法院审判、执行工作的特点，科学界定了司法公开的范围、时限和方式，避免发生盲目公开或无序公开的现象。三是密切联系实际。结合各地法院硬件建设和经济发展的实际水平，提出了务实有序、逐步拓展的建设要求，强调要确保各类信息一次录入、多种用途、资源共享，不增加一线审判人员工作负担，禁止搞形式主义，避免让三大平台建设成为“政绩工程”或“面子工程”。

问：请解释一下“平台”的含义，并说明三大平台之间的关系。

答：平台是指依托计算机硬件和软件搭建的信息传送系统，具备在线办事、查询检索、沟通交流、及时反馈等功能。传统的司法公开方式，主要是单向的信息发布，而通过建设司法公开信息化平台，公众和当事人可以与人民法院进行双向互动，交流、办事和查询将更加方便，获取信息的方式更为多元、便捷。

需要强调的是，司法公开三大平台并不是三个各自为阵、互不相关的独立平台，而是一个有机联系的整体。它是以人民法院的政务网站为基础，通过互联网聚合联通的三大板块，功能上各有侧重，资源上互联互通，内容上互为补充。司法公开三大平台，既是人民群众在打官司过程中最关心的三个关键环节，又是制约和影响司法公正的三个关键节点。推进司法公开三大平台建设，着力发挥现代信息技术在服务、交流方面的核心作用，真正将纸面上的司法公开落到实处、发挥实效。

问：请介绍一下推进审判流程公开平台建设的主要内容。

答：审判流程是人民法院在立案、庭审、听证、合议、宣判等诉讼过程中产生的各类静态和动态信息。建设审判流程公开平台，就是借助信息化手段，将人民法院上述信息依法向当事人和社会公开。具体要求包括：一是以政务网站为基础平台，通过手机短信、电话语音系统、电子触摸屏、微博、微信等技术手段，为公众和当事人提供全方位、多元化的司法服务。二是开发完善统一的审判流程查询系统，方便当事人查询案件进展情况，增加审判工作透明度，最大程度压缩信息寻租的空间。三是充分发挥审判流程公开平台在远程预约立案、公告、送达、庭审、听证方面的辅助功能。四是大力推进诉讼档案电子化工程，切实提升工作效率，减轻当事人讼累。五是积极创新庭审公开方式，以视频、音频、图文、微博等方式及时公开庭审过程。六是加强科技法庭建设，对庭审活动全程进行同步录音录像，逐步实现“每庭必录”，并方便当事人依法查阅。

问：请介绍一下推进裁判文书公开平台建设的主要内容。

答：裁判文书是人民法院审判工作的最终产品，是承载全部诉讼活动与法官推理的重要载体。最高人民法院已经在 2013 年 7 月 1 日开通了中国裁判文书网，并积极推动最高人民法院符合条件的裁判文书全部上网。我们所说的裁判文书公开平台，其实就特指以中国裁判文书网为基础形成的全国统一的操作系统。截至目前，中国裁判文书网与各高院裁判文书传送平台已经联通，从 2014 年 1 月 1 日起，全国各级人民法院的生效裁判文书将陆续在该网公布，最终实现四级法院依法能够公开的裁判文书全部上网。《意见》强调，在互联网公布裁判文书要以公开为原则，不公开为例外，各级人民法院对其在中国裁判文书网公布的裁判文书的质量负责。《意见》还配合《最高人民法院关于人民法院在互联网公布裁判文书的规定》，对如何保障公众知情权与维护公民隐私权和个人信息安全之间的关系、如何确保裁判文书能够被有效查询检索、如何完善裁判文书上网的工作机制，提出了具体而明确的要求。

问：请介绍一下推进执行信息公开平台建设的主要内容。

答：执行信息是人民法院在执行过程中产生的各类信息，它可以全面及时地反映人民法院依法进行的执行活动。人民法院通过建立执行信息公开平台，可以及时公开执行信息，让公众和当事人及时了解人民法院为实现当事人的胜诉权益所采取的执行措施，争取人民群众对法院执行工作的理解，最大程度挤压利用执行权寻租的空间，充分发挥执行公开的防腐功能。具体要求包括：一是完善执行信息查询系统，开发执行信息短信发送平台，方便当事人随时查询、了解执行案件进展情况。二是对重大执行案件的听证、实施过程进行同步录音录像，并允许当事人依申请查阅。三是向公众公开失信被执行人名单信息、限制出境被执行人名单信息、限制高消费被执行人名单信息等，充分发挥执行信息公开平台对失信被执行人的信用惩戒功能。四是为各类征信系统提供科学、准确、全面的信息，积极推进执行信息公开平台与社会诚信体系对接，促进社会诚信建设。

问：《意见》发布后，最高人民法院将如何推进司法公开三大平台建设？

答：《意见》正式发布后，最高人民法院将继续抓好以下几项工作：一是做好统筹规划，有序推进三大平台建设。抓紧制定人民法院推进司法公开三大平台建设的“路线图”和“时间表”，将其纳入明年发布的《人民法院第四个五年改革纲要（2014 ~ 2018）》，把推进司法公开确定为人民法院深化司法体制改革的突破口。二是做好督促检查，确保三大平台建设发挥实效。最高人民法院将尽快确定评估标准，加强监督指导，在评价工作效果时，更加注重三大平台运行的系统性、顺畅性和有效性，不追求排名和指标，更不搞形式主义。三是总结梳理经验，及时公布司法公开改革成效。根据全国法院深化司法公开的总体情况，最高人民法院将在总结司法公开三大平台建设经验的基础上，适时发布《人民法院司法公开工作白皮书》，如实反映人民法院推进司法公开三大平台、打造阳光司法工程的主要做法、重要成就以及存在的问题。

最高人民法院
关于人民法院在互联网公布裁判文书的规定

法释〔2013〕26号

（2013年11月13日最高人民法院审判委员会第1595次会议通过
2013年11月21日最高人民法院公告公布
自2014年1月1日起施行）

为贯彻落实审判公开原则，规范人民法院在互联网公布裁判文书工作，促进司法公正，提升司法公信力，根据《中华人民共和国刑事诉讼法》《中华人民共和国民事诉讼法》《中华人民共和国行政诉讼法》等相关规定，结合人民法院工作实际，制定本规定。

第一条 人民法院在互联网公布裁判文书，应当遵循依法、及时、规范、真实的原则。

第二条 最高人民法院在互联网设立中国裁判文书网，统一公布各级人民法院的生效裁判文书。

各级人民法院对其在中国裁判文书网公布的裁判文书质量负责。

第三条 各级人民法院应当指定专门机构负责互联网公布裁判文书的管理工作。该机构履行以下职责：

（一）组织、上传裁判文书；

（二）发现公布的裁判文书存在笔误或者技术处理不当等问题的，协调有关部门及时处理；

（三）其他相关的指导、监督和考评工作。

第四条 人民法院的生效裁判文书应当在互联网公布，但有下列情形之一的除外：

（一）涉及国家秘密、个人隐私的；

（二）涉及未成年人违法犯罪的；

（三）以调解方式结案的；

（四）其他不宜在互联网公布的。

第五条 人民法院应当在受理案件通知书、应诉通知书中告知当事人在互联网公布裁判文书的范围，并通过政务网站、电子触摸屏、诉讼指南等多种方式，向公众告知人民法院在互联网公布裁判文书的相关规定。

第六条 人民法院在互联网公布裁判文书时，应当保留当事人的姓名或者名称等真实信息，但必须采取符号替代方式对下列当事人及诉讼参与人的姓名进行匿名处理：

（一）婚姻家庭、继承纠纷案件中的当事人及其法定代理人；

（二）刑事案件中被害人及其法定代理人、证人、鉴定人；

（三）被判处三年有期徒刑以下刑罚以及免予刑事处罚，且不属于累犯或者惯犯的被告人。

第七条 人民法院在互联网公布裁判文书时，应当删除下列信息：

（一）自然人的家庭住址、通讯方式、身份证号码、银行账号、健康状况等个人信息；

（二）未成年人的相关信息；

（三）法人以及其他组织的银行账号；

（四）商业秘密；

（五）其他不宜公开的内容。

第八条 承办法官或者人民法院指定的专门人员应当在裁判文书生效后七日内按照本规定第六条、第七条的要求完成技术处理，并提交本院负责互联网公布裁判文书的专门机构在中国裁判文书网公布。

第九条 独任法官或者合议庭认为裁判文书具有本规定第四条第四项不宜在互联网公布情形的，应当提出书面意见及理由，由部门负责人审查后报主管副院长审定。

第十条 在互联网公布的裁判文书，除依照本规定的要求进行技术处理的以外，应当与送达当事人的裁判文书一致。

人民法院对送达当事人的裁判文书进行补正的，应当及时在互联网公布补正裁定。

第十一条 人民法院在互联网公布的裁判文书，除因网络传输故障导致与送达当事人的裁判文书不一致的以外，不得修改或者更换；确因法定理由或者其他特殊原因需要撤回的，应当由高级人民法院以上负责互联网公布裁判文书的专门机构审查决定，并在中国裁判文书网办理撤回及登记备案手续。

第十二条 中国裁判文书网应当提供操作便捷的检索、查阅系统，方便公众检索、查阅裁判文书。

第十三条 最高人民法院负责监督和指导地方各级人民法院在互联网公布裁判文书的工作。

高级人民法院负责组织、指导、监督和检查辖区内各级人民法院在互联网公布裁判文书的工作。

第十四条 各高级人民法院在实施本规定的过程中，可以结合工作实际制定实施细则。中西部地区基层人民法院在互联网公布裁判文书的时间进度由高级人民法院决定，并报最高人民法院备案。

第十五条 本规定自2014年1月1日起实施。最高人民法院2010年11月8日制定的《关于人民法院在互联网公布裁判文书的规定》（法发〔2010〕48号）同时废止。最高人民法院以前发布的司法解释和规范性文件与本规定不一致的，以本规定为准。

保障公众对司法知情权和监督权的实现

——最高人民法院司法改革领导小组办公室负责人就《关于人民法院在互联网公布裁判文书的规定》答记者问

为贯彻落实审判公开原则，规范人民法院在互联网公布裁判文书工作，促进司法公正，提升司法公信力，最高人民法院根据《刑事诉讼法》《民事诉讼法》《行政诉讼法》等相关规定，结合人民法院工作实际，经审判委员会第1595次会议讨论，通过了《关于人民法院在互联网公布裁判文书的规定》（以下简称《规定》），于2013年11月21日公布。就《规定》相关问题，最高人民法院司法改革领导小组办公室负责人回答了记者的提问。

问：请简要介绍一下《规定》出台的背景和意义？

答：2010年11月21日，最高人民法院发布了《关于人民法院在互联网公布裁判文书的规定》（以下简称2010年《规定》）。全国各级法院在互联网公布裁判文书的工作开始走上制度化轨道，并取得了积极的进展和成效，但在实践中也存在一些问题：一是工作进展不平衡；二是工作机制不完善；三是与人民群众的新期待不相适应。为进一步深化和推进司法公开，最高人民法院决定着力建设包括审判流程公开、裁判文书公开、执行信息公开在内的三大司法公开平台，并决定出台具体的司法解释，进一步推进和规范在互联网公布裁判文书的工作。为适应新形势下人民群众的新期待和司法工作自身发展的新要求，最高人民法院专门成立了起草小组，在认真调研各级法院工作实践的同时，广泛听取专家学者、律师以及其他社会各界的意见和建议，深入研究域外的制度和实践，反复修改十余次，经审判委员会讨论通过后，最终出台了该《规定》。

近日，党的十八届三中全会通过的《中共中央关于全面深化改革若干重大问题的决定》，把“增强法律文书说理性，推动公开法院生效裁判文书”确定为健全司法权力运行机制改革的重要内容。可以说，《规定》的出台，是最高人民法院贯彻落实十八届三中全会精神的重大举措，是在履行重大的政治责任和任务，意义重大。《规定》的实施必将进一步规范人民法院在互联网公布裁判文书工作，促进裁判文书上网功能和价值的全面实现。

问：《规定》与2010年《规定》相比较，有哪些新的发展和深化？

答：与2010年《规定》相比，具体内容有以下发展变化：一是将符合条件的裁判文书的上网要求由“可以”改为“应当”，扩大了各级人民法院在互联网公布裁判文书的范围；二是改“上网审批”为“不上网”审批，突出了“上网为原则”的要求；三是强调当事人实名公开，满足了公众获取真实信息的需要；四是规定上网文书原则上不得修改、更换和撤回，保证了上网文书的真实性与严肃性；五是规定中国裁判文书网作为各级人民法院文书上网的统一平台，建立了便捷的检索系统，方便了公众查询，等等。需要强调的是，《规定》是司法解释，具有强制执行的效力，目的是全面规范人民法院在互联网公布裁判文书的工作，实现文书上网的综合价值和功能。因此，《规定》实施后，2010年《规定》同时废止。

问：《规定》在实现公众对司法的知情权、参与权和监督权方面作出了哪些具体规定？

答：裁判文书是承载全部审判活动，体现审判结果的“司法产品”。人民法院将裁判文书在网上公开，有助于满足公众对司法的知情权、参与权和监督权。为此，《规定》首先要求人民法院通过政务网站、电子触摸屏、诉讼指南等多种方式，向公众告知人民法院在互联网公布裁判文书的相关规定，以此接受公众对人民法院在互联网公布裁判文书工作的全面监督。其次对人民法院在互联网公布裁判文书的工作作出全面而又具体的规定，着力满足公众对司法的新需求，包括：第一，全面公开，避免选择性公开。除法定情形外，人民法院生效的裁判文书均应当在互联网公布。第二，真实公开，杜绝失真性公开。强调当事人实名公开，上网公布的裁判文书要与送达当事人的文书内容一致，非因法定理由或者其他特殊原因不得撤回等。第三，及时公开，防止拖延性公开。要求裁判文书生效后七日内在互联网公布。第四，建立统一平台，全面实现裁判文书上网的综合功能。最高人民法院在互联网设立专门的中国裁判文书网，统一公布各级人民法院的裁判文书。第五，细化信息处理的范围和方式，最大限度地保护当事人依法享有的隐私权和其他个人信息安全。完善的技术处理不仅加大了对当事人及其他诉讼参与人合法权益的保护力度，而且能够在公众知情权与公民隐私权以及个人信息安全之间实现价值的平衡。第六，要求中国裁判文书网提供操作便捷的检索、查阅系统，方便公众检索、查阅裁判文书，最大程度地实现司法公开便民、利民和取信于民的内在价值。

问：《规定》在确保人民法院在互联网公布的裁判文书的真实性方面采取了哪些措施？

答：在互联网公布裁判文书是案件审判结果的公开，其重要目的体现在以下方面：满足公众对司法的知情，接受公众对司法的监督；通过裁判文书公开的倒逼机制，不断提升法官的能力和水平，加快法官职业化进程，促进司法公正；通过上网公布真实的裁判文书，推动全社会的诚信体系建设，切实履行司法的社会责任。上述目的的实现，有赖于在互联网公布的裁判文书的真实性。为防止实践中出现"阴阳"文书或者"化妆"文书，《规定》要求，人民法院在互联网公布裁判文书，除应当遵循依法、及时、规范原则外，还应当遵循"真实"的原则。具体包括：一是强调当事人实名公开。除一些特定案件外，上网公布的裁判文书应当保留当事人的真实姓名或者名称，以满足公众获取真实信息的需要。二是要求上网公布的裁判文书要与送达当事人的文书内容一致。除依照本规定的要求进行技术处理的内容以外，上网公布的裁判文书应当与送达当事人的一致。三是明确规定上网公布的裁判文书的修改、更换以及撤回的条件及程序。非因网络传输故障原因不得修改或者更换，没有法定理由或者其他特殊原因不得撤回。

问：中国裁判文书网的性质和功能是什么？最高人民法院是否是中国裁判文书网公布裁判文书的统一主体？

答：中国裁判文书网是最高人民法院在互联网设立的一个网站平台，其承载的主要功能是通过统一公布各级人民法院的生效裁判文书，全面实现裁判文书上网的综合价值与功能。具体包括两个方面：一是统一公布各级人民法院的生效裁判文书，解决目前裁判文书上网工作处于多个平台、资源分散、公众无法获取全面信息的困难，同时便于最高人民法院掌握各级人民法院裁判文书上网工作的总体情况，及时有效地开展监督指导工作；二是提供操作便捷的检索、查阅系统，方便公众检索、查阅裁判文书，充分满足公众对司法的知情权、参与权和监督权。

依照“谁的文书谁上网，谁上网谁负责”的原则，中国裁判文书网统一公布生效裁判文书的具体方式是，各级人民法院根据网站授权，自行上传和公布裁判文书，并对其公布的裁判文书的质量负责。这种质量责任既包括裁判实体方面的责任，即裁判的公正性、合法性和说理性；又包括文书形式方面的责任，即文字错误或者技术处理方面的差错等。当然，上述规定并不排斥上级人民法院对下级人民法院在互联网公布裁判文书工作的监督指导。

问：为什么规定以调解方式结案的裁判文书不上网？

答：目前规定调解书一律不上网，主要是基于以下考虑：其一，调解书是对当事人之间私权处分结果的司法确认，其并不直接反映法官的心证裁判过程。从尊重当事人意思自治的角度考虑，调解书不宜在互联网公开。其二，在目前社会矛盾多发，纠纷处理难度大的情况下，规定“以调解方式结案”的裁判文书不上网公布，可以有效引导当事人通过诉讼调解的方式化解纠纷。其三，《民事诉讼法》规定，“公众可以查阅发生法律效力的判决书、裁定书，但涉及国家秘密、商业秘密和个人隐私的内容除外”，这也意味着调解书不对公众公开。其四，对于社会关注度高的调解案件，人民法院可以通过专门的新闻发布方式来满足公众的知情权和监督权；对于具有指导意义的调解书，人民法院可以通过发布指导性或者参考性案例的方式予以公布。

问：在《规定》实行实名公开的原则下，如何实现公众的知情权、监督权与当事人及诉讼参与人个人隐私和其他个人信息保护之间的关系平衡？

答：在互联网公布的裁判文书保留当事人的姓名或者名称等真实信息，既能更好地保障公众行使知情权和监督权，同时也有利于促进社会诚信体系的建立。实名公开也是许多国家和地区的做法。在我国台湾地区，裁判文书公开经历过从实名公开到匿名处理，再次回归到实名公开的过程。当然，实名公开自然人的姓名，可能会对其生活、学习、就业带来一定的影响。为平衡公众知情权与当事人及其他诉讼参与人隐私权和其他个人信息安全之间的利益关系，《规定》要求必须采取符号替代方式对下列当事人及诉讼参与人的姓名进行匿名处理：一是婚姻家庭、继承纠纷等家事案件中当事人及其法定代理人。实名公布家事案件当事人及其法定代理人的姓名不利于私权保护。二是刑事案件中被害人及其法定代理人、证人、鉴定人。公布被害人及其法定代理人的姓名，极易使其受到二次伤害；公布证人、鉴定人的姓名，不利于证人、鉴定人作证。三是轻刑被告人。轻刑被告人的主观恶性一般不大，许多属于偶犯或者过失犯罪。实名公布其姓名，不利于其重新回归社会，但是，累犯或者惯犯被告人的危险性相对较大，实名公布其姓名，则可以增强公众的防范意识。另外，基于对当事人特别是未成年人权利保护的需要，《规定》要求对裁判文书涉及当事人的个人隐私以及其他个人信息（即家庭住址、通讯方式、身份证号码、银行账号、健康状况等足以识别个人身份的信息）、未成年人的相关信息、法人以及其他组织的银行账号、商业秘密等信息，进行删除处理。同时还设置了兜底条款，规定“其他不宜公开的内容”也应当予以删除，以便于实践中充分保护相关个人的合法权益以及国家利益、社会公共利益等。

问：《规定》对中西部地区基层人民法院在互联网公布裁判文书工作的时间进度为何作出变通规定？

答：制定《规定》的目的是为了全面推进和最终实现全国四级法院全部在互联网公布生效裁判文书。根据《规定》要求，自2014年1月1日起，除最高人民法院、高级人民法院和中级人民法院应当上网公布裁判文书外，东部的北京、天津、辽宁、上海、江苏、浙江、福建、山东、广东、海南十个省市以及中西部地区的河南、广西两省区的基层人民法院也要率先实现生效裁判文书上网公布。考虑到中西部地区尚有部分基层法院近期实现裁判文书上网确实存在较大困难，《规定》特作出如下变通规定：中西部地区基层人民法院在互联网公布裁判文书的时间进度由高级人民法院决定，报最高人民法院备案。应当相信，随着信息化建设步伐的不断加快，中西部地区三级法院生效裁判文书实现全面上网的“时间表”和“路线图”也会尽快确定。

最高人民法院

关于发布第五批指导性案例的通知

2013 年 11 月 8 日　　法〔2013〕241 号

各省、自治区、直辖市高级人民法院，解放军军事法院，新疆维吾尔自治区高级人民法院生产建设兵团分院：

经最高人民法院审判委员会讨论决定，现将张莉诉北京合力华通汽车服务有限公司买卖合同纠纷案等六个案例（指导案例 17 ~ 22 号），作为第五批指导性案例发布，供在审判类似案件时参照。

指导案例 17 号

张莉诉北京合力华通汽车服务有限公司买卖合同纠纷案

（最高人民法院审判委员会讨论通过　2013 年 11 月 8 日发布）

关键词　民事　买卖合同　欺诈　家用汽车

裁判要点

1. 为家庭生活消费需要购买汽车，发生欺诈纠纷的，可以按照《中华人民共和国消费者权益保护法》处理。

2. 汽车销售者承诺向消费者出售没有使用或维修过的新车，消费者购买后发现系使用或维修过的汽车，销售者不能证明已履行告知义务且得到消费者认可的，构成销售欺诈，消费者要求销售者按照消费者权益保护法赔偿损失的，人民法院应予支持。

相关法条

《中华人民共和国消费者权益保护法》第二条、第五十五条第一款（该款系 2013 年 10 月 25 日修改，修改前为第四十九条）

基本案情

2007 年 2 月 28 日，原告张莉从被告北京合力华通汽车服务有限公司（简称合力华通公司）购买上海通用雪佛兰景程轿车一辆，价格 138000 元，双方签有《汽车销售合同》。该合同第七条约定："……卖方保证买方所购车辆为新车，在交付之前已做了必要的检验和清洁，车辆路程表的公里数为 18 公里且符合卖方提供给买方的随车交付文件中所列的各项规格和指标……"合同签订当日，张莉向合力华通公司交付了购车款 138000 元，同时支付了车辆购置税 12400 元、一条龙服务费 500 元、保险费 6060 元。同日，合力华通公司将雪佛兰景程轿车一辆交付张莉，张莉为该车办理了机动车登记手续。2007 年 5 月 13 日，张莉在将车辆送合力华通公司保养时，发现该车曾于 2007 年 1 月 17 日进行过维修。

审理中，合力华通公司表示张莉所购车辆确曾在运输途中造成划伤，于 2007 年 1 月 17 日进行过维修，维修项目包括右前叶子板喷漆、右前门喷漆、右后叶子板喷漆、右前门钣金、右后叶子板钣金、右前叶子板钣金，维修中更换底大边卡扣、油箱门及前叶子板灯总成。送修人系该公司业务员。合力华通公司称，对于车辆曾进行维修之事已在销售时明确告知张莉，并据此予以较大幅度优惠，该车销售定价应为 151900 元，经协商后该车实际销售价格为 138000 元，还赠送了部分装饰。为证明上述事实，合力华通公司提供了车辆维修记录及有张莉签字的日期为 2007 年 2 月 28 日的车辆交接验收单一份，在车辆交接验收单备注一栏中注有"加 1/4 油，此车右侧有钣喷修复，按约定价格销售"。合力华通公司表示该验收单系该公司保存，张莉手中并无此单。对于合力华通公司提供的上述两份证据，张莉表示对于车辆维修记录没有异议，车辆交接验收单中的签字确系其所签，但合力华通公司在销售时并未告知车辆曾有维修，其在签字时备注一栏中没有“此车右侧有钣喷修复，按约定价格销售”字样。

裁判结果

北京市朝阳区人民法院于2007年10月作出（2007）朝民初字第18230号民事判决：一、撤销张莉与合力华通公司于2007年2月28日签订的《汽车销售合同》；二、张莉于判决生效后七日内将其所购的雪佛兰景程轿车退还合力华通公司；三、合力华通公司于判决生效后七日内退还张莉购车款十二万四千二百元；四、合力华通公司于判决生效后七日内赔偿张莉购置税一万二千四百元、服务费五百元、保险费六千零六十元；五、合力华通公司于判决生效后七日内加倍赔偿张莉购车款十三万八千元；六、驳回张莉其他诉讼请求。宣判后，合力华通公司提出上诉。北京市第二中级人民法院于2008年3月13日作出（2008）二中民终字第00453号民事判决：驳回上诉，维持原判。

裁判理由

法院生效裁判认为：原告张莉购买汽车系因生活需要自用，被告合力华通公司没有证据证明张莉购买该车用于经营或其他非生活消费，故张莉购买汽车的行为属于生活消费需要，应当适用《中华人民共和国消费者权益保护法》。

根据双方签订的《汽车销售合同》约定，合力华通公司交付张莉的车辆应为无维修记录的新车，现所售车辆在交付前实际上经过维修，这是双方共同认可的事实，故本案争议的焦点为合力华通公司是否事先履行了告知义务。

车辆销售价格的降低或优惠以及赠送车饰是销售商常用的销售策略，也是双方当事人协商的结果，不能由此推断出合力华通公司在告知张莉汽车存在瑕疵的基础上对其进行了降价和优惠。合力华通公司提交的有张莉签名的车辆交接验收单，因系合力华通公司单方保存，且备注一栏内容由该公司不同人员书写，加之张莉对此不予认可，该验收单不足以证明张莉对车辆以前维修过有所了解。故对合力华通公司抗辩称其向张莉履行了瑕疵告知义务，不予采信，应认定合力华通公司在售车时隐瞒了车辆存在的瑕疵，有欺诈行为，应退车还款并增加赔偿张莉的损失。

指导案例18号

中兴通讯（杭州）有限责任公司诉王鹏劳动合同纠纷案

（最高人民法院审判委员会讨论通过 2013年11月8日发布）

关键词 民事 劳动合同 单方解除

裁判要点

劳动者在用人单位等级考核中居于末位等次，不等同于“不能胜任工作”，不符合单方解除劳动合同的法定条件，用人单位不能据此单方解除劳动合同。

相关法条

《中华人民共和国劳动合同法》第三十九条、第四十条

基本案情

2005年7月，被告王鹏进入原告中兴通讯（杭州）有限责任公司（以下简称中兴通讯）工作，劳动合同约定王鹏从事销售工作，基本工资每月3840元。该公司的《员工绩效管理办法》规定：员工半年、年度绩效考核分别为S、A、C1、C2四个等级，分别代表优秀、良好、价值观不符、业绩待改进；S、A、C（C1、C2）等级的比例分别为20%、70%、10%；不胜任工作原则上考核为C2。王鹏原在该公司分销科从事销售工作，2009年1月后因分销科解散等原因，转岗至华东区从事销售工作。2008年下半年、2009年上半年及2010年下半年，王鹏的考核结果均为C2。中兴通讯认为，王鹏不能胜任工作，经转岗后，仍不能胜任工作，故在支付了部分经济补偿金的情况下解除了劳动合同。

2011年7月27日，王鹏提起劳动仲裁。同年10月8日，仲裁委作出裁决：中兴通讯支付王鹏违法解除劳动合同的赔偿金余额36596.28元。中兴通讯认为其不存在违法解除劳动合同的行为，故于同年11月1日诉至法院，请求判令不予支付解除劳动合同赔偿金余额。

裁判结果

浙江省杭州市滨江区人民法院于2011年12月6日作出（2011）杭滨民初字第885号民事判决：原告中兴通讯（杭州）有限责任公司于本判决生效之日起十五日内一次性支付被告王鹏违法解除劳动合同的赔偿金余额36596.28元。宣判后，双方均未上诉，判决已发生法律效力。

裁判理由

法院生效裁判认为：为了保护劳动者的合法权益，构建和发展和谐稳定的劳动关系，《中华人民共和国劳动法》《中华人民共和国劳动合同法》对用人单位单方解除劳动合同的条件进行了明确限定。原告中兴通讯以被告王鹏不胜任工作，经转岗后仍不胜任工作为由，解除劳动合同，对此应负举证责任。根据《员工绩效管理办法》的规定，“C（C1、C2）考核等级的比例为10%”，虽然王鹏曾经考核结果为C2，但是C2等级并不完全等同于“不能胜任工作”，中兴通讯仅凭该限定考核等级比例的考核结果，不能证明劳动者不能胜任工作，不符合据此单方解除劳动合同的法定条件。虽然2009年1月王鹏从分销科转岗，但是转岗前后均从事销售工作，并存在分销科解散导致王鹏转岗这一根本原因，故不能证明王鹏系因不能胜任工作而转岗。因此，中兴通讯主张王鹏不胜任工作，经转岗后仍然不胜任工作的依据不足，存在违法解除劳动合同的情形，应当依法向王鹏支付经济补偿标准二倍的赔偿金。

指导案例19号

赵春明等诉烟台市福山区汽车运输公司、卫德平等机动车交通事故责任纠纷案

（最高人民法院审判委员会讨论通过　2013年11月8日发布）

关键词　民事　机动车交通事故　责任　套牌　连带责任

裁判要点

机动车所有人或者管理人将机动车号牌出借他人套牌使用，或者明知他人

套牌使用其机动车号牌不予制止，套牌机动车发生交通事故造成他人损害的，机动车所有人或者管理人应当与套牌机动车所有人或者管理人承担连带责任。

相关法条

《中华人民共和国侵权责任法》第八条

《中华人民共和国道路交通安全法》第十六条

基本案情

2008年11月25日5时30分许，被告林则东驾驶套牌的鲁F41703货车在同三高速公路某段行驶时，与同向行驶的被告周亚平驾驶的客车相撞，两车冲下路基，客车翻滚致车内乘客冯永菊当场死亡。经交警部门认定，货车司机林则东负主要责任，客车司机周亚平负次要责任，冯永菊不负事故责任。原告赵春明、赵某某、冯某某、侯某某分别系死者冯永菊的丈夫、儿子、父亲和母亲。

鲁F41703号牌在车辆管理部门登记的货车并非肇事货车，该号牌登记货车的所有人系被告烟台市福山区汽车运输公司（以下简称福山公司），实际所有人系被告卫德平，该货车在被告永安财产保险股份有限公司烟台中心支公司（以下简称永安保险公司）投保机动车第三者责任强制保险。

套牌使用鲁F41703号牌的货车（肇事货车）实际所有人为被告卫广辉，林则东系卫广辉雇用的司机。据车辆管理部门登记信息反映，鲁F41703号牌登记货车自2004年4月26日至2008年7月2日，先后15次被以损坏或灭失为由申请补领号牌和行驶证。2007年8月23日卫广辉申请补领行驶证的申请表上有福山公司的签章。事发后，福山公司曾派人到交警部门处理相关事宜。审理中，卫广辉表示，卫德平对套牌事宜知情并收取套牌费，事发后卫广辉还向卫德平借用鲁F41703号牌登记货车的保单去处理事故，保单仍在卫广辉处。

发生事故的客车的登记所有人系被告朱荣明，但该车辆几经转手，现实际所有人系周亚平，朱荣明对该客车既不支配也未从该车运营中获益。被告上海腾飞建设工程有限公司（以下简称腾飞公司）系周亚平的雇主，但事发时周亚平并非履行职务。该客车在中国人民财产保险股份有限公司上海市分公司（以下简称人保公司）投保了机动车第三者责任强制保险。

裁判结果

上海市宝山区人民法院于2010年5月18日作出（2009）宝民一（民）初

字第1128号民事判决：一、被告卫广辉、林则东赔偿四原告丧葬费、精神损害抚慰金、死亡赔偿金、交通费、误工费、住宿费、被扶养人生活费和律师费共计396863元。二、被告周亚平赔偿四原告丧葬费、精神损害抚慰金、死亡赔偿金、交通费、误工费、住宿费、被扶养人生活费和律师费共计170084元。三、被告福山公司、卫德平对上述判决主文第一项的赔偿义务承担连带责任；被告卫广辉、林则东、周亚平对上述判决主文第一、二项的赔偿义务互负连带责任。四、驳回四原告的其余诉讼请求。宣判后，卫德平提起上诉。上海市第二中级人民法院于2010年8月5日作出（2010）沪二中民一（民）终字第1353号民事判决：驳回上诉，维持原判。

裁判理由

法院生效裁判认为：根据本案交通事故责任认定，肇事货车司机林则东负事故主要责任，而卫广辉是肇事货车的实际所有人，也是林则东的雇主，故卫广辉和林则东应就本案事故损失连带承担主要赔偿责任。永安保险公司承保的鲁F41703货车并非实际肇事货车，其也不知道鲁F41703机动车号牌被肇事货车套牌，故永安保险公司对本案事故不承担赔偿责任。根据交通事故责任认定，本案客车司机周亚平对事故负次要责任，周亚平也是该客车的实际所有人，故周亚平应对本案事故损失承担次要赔偿责任。朱荣明虽系该客车的登记所有人，但该客车已几经转手，朱荣明既不支配该车，也未从该车运营中获益，故其对本案事故不承担责任。周亚平虽受雇于腾飞公司，但本案事发时周亚平并非在为腾飞公司履行职务，故腾飞公司对本案亦不承担责任。至于承保该客车的人保公司，因死者冯永菊系车内人员，依法不适用机动车交通事故责任强制保险，故人保公司对本案不承担责任。另，卫广辉和林则东一方、周亚平一方虽各自应承担的责任比例有所不同，但车祸的发生系两方的共同侵权行为所致，故卫广辉、林则东对于周亚平的应负责任份额、周亚平对于卫广辉、林则东的应负责任份额，均应互负连带责任。

鲁F41703货车的登记所有人福山公司和实际所有人卫德平，明知卫广辉等人套用自己的机动车号牌而不予阻止，且提供方便，纵容套牌货车在公路上行驶，福山公司与卫德平的行为已属于出借机动车号牌给他人使用的情形，该行为违反了《中华人民共和国道路交通安全法》等有关机动车管理的法律规定。将机动车号牌出借他人套牌使用，将会纵容不符合安全技术标准的机动车通过套牌在道路上行驶，增加道路交通的危险性，危及公共安全。套牌机动车发生交通事故造成损害，号牌出借人同样存在过错，对于肇事的套牌车一方应负的赔偿责任，号牌出借人应当承担连带责任。故福山公司和卫德平应对卫广辉与林则东一方的赔偿责任份额承担连带责任。

指导案例20号

深圳市斯瑞曼精细化工有限公司诉深圳市坑梓自来水有限公司、深圳市康泰蓝水处理设备有限公司侵害发明专利权纠纷案

（最高人民法院审判委员会讨论通过 2013年11月8日发布）

关键词 民事 知识产权 侵害 发明专利权 临时保护期 后续行为

裁判要点

在发明专利申请公布后至专利权授予前的临时保护期内制造、销售、进口的被诉专利侵权产品不为专利法禁止的情况下，其后续的使用、许诺销售、销售，即使未经专利权人许可，也不视为侵害专利权，但专利权人可以依法要求临时保护期内实施其发明的单位或者个人支付适当的费用。

相关法条

《中华人民共和国专利法》第十一条、第十三条、第六十九条

基本案情

深圳市斯瑞曼精细化工有限公司（以下简称斯瑞曼公司）于2006年1月19日向国家知识产权局申请发明专利，该专利于2006年7月19日公开，2009年1月21日授权公告，授权的发明名称为“制备高纯度二氧化氯的设备”，专利权人为斯瑞曼公司。该专利最近一次年费缴纳时间为2008年11月28日。2008年10月20日，深圳市坑梓自来水有限公司（以下简称坑梓自来水公司）与深圳市康泰蓝水处理设备有限公司（以下简称康泰蓝公司）签订《购销合

同》一份，坑梓自来水公司向康泰蓝公司购买康泰蓝二氧化氯发生器一套，价款26万元。康泰蓝公司已于2008年12月30日就上述产品销售款要求税务机关代开统一发票。在上述《购销合同》中，约定坑梓自来水公司分期向康泰蓝公司支付设备款项，康泰蓝公司为坑梓自来水公司提供安装、调试、维修、保养等技术支持及售后服务。

2009年3月16日，斯瑞曼公司向广东省深圳市中级人民法院诉称：其拥有名称为“制备高纯度二氧化氯的设备”的发明专利（以下简称涉案发明专利），康泰蓝公司生产、销售和坑梓自来水公司使用的二氧化氯生产设备落入涉案发明专利保护范围。请求判令二被告停止侵权并赔偿经济损失30万元、承担诉讼费等费用。在本案中，斯瑞曼公司没有提出支付发明专利临时保护期使用费的诉讼请求，在一审法院已作释明的情况下，斯瑞曼公司仍坚持原诉讼请求。

裁判结果

广东省深圳市中级人民法院于2010年1月6日作出（2009）深中法民三初字第94号民事判决：康泰蓝公司停止侵权，康泰蓝公司和坑梓自来水公司连带赔偿斯瑞曼公司经济损失8万元。康泰蓝公司、坑梓自来水公司均提起上诉，广东省高级人民法院于2010年11月15日作出（2010）粤高法民三终字第444号民事判决：驳回上诉，维持原判。坑梓自来水公司不服二审判决，向最高人民法院申请再审。最高人民法院于2011年12月20日作出（2011）民提字第259号民事判决：撤销原一、二审判决，驳回斯瑞曼公司的诉讼请求。

裁判理由

最高人民法院认为：斯瑞曼公司在本案中没有提出支付发明专利临时保护期使用费的诉讼请求，因此本案的主要争议焦点在于，坑梓自来水公司在涉案发明专利授权后使用其在涉案发明专利临时保护期内向康泰蓝公司购买的被诉专利侵权产品是否侵犯涉案发明专利权，康泰蓝公司在涉案发明专利授权后为坑梓自来水公司使用被诉专利侵权产品提供售后服务是否侵犯涉案发明专利权。

对于侵犯专利权行为的认定，应当全面综合考虑专利法的相关规定。根据本案被诉侵权行为时间，本案应当适用2000年修改的《中华人民共和国专利法》。专利法第十一条第一款规定：“发明和实用新型专利权被授予后，除本法另有规定的以外，任何单位或者个人未经专利权人许可，都不得实施其专利，即不得为生产经营目的制造、使用、许诺销售、销售、进口其专利产品，或者使用其专利方法以及使用、许诺销售、销售、进口依照该专利方法直接获得的产品。”第十三条规定：“发明专利申请公布后，申请人可以要求实施其发明的单位或者个人支付适当的费用。”第六十二条规定：“侵犯专利权的诉讼时效为二年，自专利权人或者利害关系人得知或者应当得知侵权行为之日起计算。发明专利申请公布后至专利权授予前使用该发明未支付适当使用费的，专利权人要求支付使用费的诉讼时效为二年，自专利权人得知或者应当得知他人使用其发明之日起计算，但是，专利权人于专利权授予之日前即已得知或者应当得知的，自专利权授予之日起计算。”综合考虑上述规定，专利法虽然规定了申请人可以要求在发明专利申请公布后至专利权授予之前（即专利临时保护期内）实施其发明的单位或者个人支付适当的费用，即享有请求给付发明专利临时保护期使用费的权利，但对于专利临时保护期内实施其发明的行为并不享有请求停止实施的权利。因此，在发明专利临时保护期内实施相关发明的，不属于专利法禁止的行为。在专利临时保护期内制造、销售、进口被诉专利侵权产品不为专利法禁止的情况下，其后续的使用、许诺销售、销售该产品的行为，即使未经专利权人许可，也应当得到允许。也就是说，专利权人无权禁止他人对专利临时保护期内制造、销售、进口的被诉专利侵权产品的后续使用、许诺销售、销售。当然，这并不否定专利权人根据专利法第十三条规定行使要求实施其发明者支付适当费用的权利。对于在专利临时保护期内制造、销售、进口的被诉专利侵权产品，在销售者、使用者提供了合法来源的情况下，销售者、使用者不应承担支付适当费用的责任。

认定在发明专利授权后针对发明专利临时保护期内实施发明得到的产品的后续使用、许诺销售、销售等实施行为不构成侵权，符合专利法的立法宗旨。一方面，专利制度的设计初衷是“以公开换保护”，且是在授权之后才能请求予以保护。对于发明专利申请来说，在公开日之前实施相关发明，不构成侵权，在公开日后也应当允许此前实施发明得到的产品的后续实施行为；在公开日到授权日之间，为发明专利申请提供的是临时保护，在此期间实施相关发明，不为专利法所禁止，同样也应当允许实施发明得到的产品在此期间之后的后续实施行为，但申请人在获得专利权后有权要求在临时保护期内实施其发明者支付适当费用。由于专利法没有禁止发明专利授权前的实施行为，则专利授权前制造出来的产品的后续实施也不构成侵权。否则就违背了专利法的立法初衷，为尚未公开或者授权的技术方案提供了保护。另一方面，专利法规定了先用权，虽然仅规定了先用权人在原有范围内继续制造相同产品、使用相同方法不视为侵权，没有规定制造的相同产品或者使用相同方法制造的产品的后续实施行为是否构成侵权，但是不能因为专利法没有明确规定就认定上述后续实施行为构成侵权，否则，专利法规定的先用权没有任何意义。

本案中，康泰蓝公司销售被诉专利侵权产品是在涉案发明专利临时保护期内，该行为不为专利法所禁止。在此情况下，后续的坑梓自来水公司使用所购买的被诉专利侵权产品的行为也应当得到允许。因此，坑梓自来水公司后续的使用行为不侵犯涉案发明专利权。同理，康泰蓝公司在涉案发明专利授权后为坑梓自来水公司使用被诉专利侵权产品提供售后服务也不侵犯涉案发明专利权。

指导案例 21 号

内蒙古秋实房地产开发有限责任公司诉呼和浩特市人民防空办公室人防行政征收案

（最高人民法院审判委员会讨论通过　2013 年 11 月 8 日发布）

关键词　行政　人防　行政征收　防空地下室　易地建设费

裁判要点

建设单位违反人民防空法及有关规定，应当建设防空地下室而不建的，属于不履行法定义务的违法行为。建设单位应当依法缴纳防空地下室易地建设费的，不适用廉租住房和经济适用住房等保障性住房建设项目关于“免收城市基础设施配套费等各种行政事业性收费”的规定。

相关法条

《中华人民共和国人民防空法》第二十二条、第四十八条

基本案情

2008 年 9 月 10 日，被告呼和浩特市人民防空办公室（以下简称呼市人防办）向原告内蒙古秋实房地产开发有限责任公司（以下简称秋实房地产公司）送达《限期办理“结建”审批手续告知书》，告知秋实房地产公司新建的经济适用住房“秋实第一城”住宅小区工程未按照《中华人民共和国人民防空法》第二十二条、《人民防空工程建设管理规定》第四十五条、第四十七条的规定，同时修建战时可用于防空的地下室，要求秋实房地产公司 9 月 14 日前到呼市人防办办理“结建”手续，并提交相关资料。2009 年 6 月 18 日，呼市人防办对秋实房地产公司作出呼人防征费字（001）号《呼和浩特市人民防空办公室征收防空地下室易地建设费决定书》，决定对秋实房地产公司的“秋实第一城”项目征收“防空地下室易地建设费”172.46 万元。秋实房地产公司对“秋实第一城”项目应建防空地下室 5518 平方米而未建无异议，对呼市人防办作出征费决定的程序合法无异议。

裁判结果

内蒙古自治区呼和浩特市新城区人民法院于 2010 年 1 月 19 日作出（2009）新行初字第 26 号行政判决：维持呼市人防办作出的呼人防征费字（001）号《呼和浩特市人民防空办公室征收防空地下室易地建设费决定书》。宣判后，秋实房地产公司提起上诉。呼和浩特市中级人民法院于 2010 年 4 月 20 日作出（2010）呼行终字第 16 号行政判决：驳回上诉，维持原判。

裁判理由

法院生效裁判认为：国务院《关于解决城市低收入家庭住房困难的若干意见》第十六条规定：“廉租住房和经济适用住房建设、棚户区改造、旧住宅区整治一律免收城市基础设施配套费等各种行政事业性收费和政府性基金。”建设部等七部委《经济适用住房管理办法》第八条规定：“经济适用住房建设项目免收城市基础设施配套费等各种行政事业性收费和政府性基金。”上述关于经济适用住房等保障性住房建设项目免收各种行政事业性收费的规定，虽然没有明确其调整对象，但从立法本意来看，其指向的对象应是合法建设行为。人民防空法第二十二条规定：“城市新建民用建筑，按照国家有关规定修建战时可用于防空的地下室。”《人民防空工程建设管理规定》第四十八条规定：

“按照规定应当修建防空地下室的民用建筑，因地质、地形等原因不宜修建的，或者规定应建面积小于民用建筑地面首层建筑面积的，经人民防空主管部门批准，可以不修建，但必须按照应修建防空地下室面积所需造价缴纳易地建设费，由人民防空主管部门就近易地修建。”即只有在法律法规规定不宜修建防空地下室的情况下，经济适用住房等保障性住房建设项目才可以不修建防空地下室，并适用免除缴纳防空地下室易地建设费的有关规定。免缴防空地下室易地建设费有关规定适用的对象不应包括违法建设行为，否则就会造成违法成本小于守法成本的情形，违反立法目的，不利于维护国防安全和人民群众的根本利益。秋实房地产公司对依法应当修建的防空地下室没有修建，属于不履行法定义务的违法行为，不能适用免缴防空地下室易地建设费的有关优惠规定。

指导案例 22 号

魏永高、陈守志诉来安县人民政府收回土地使用权批复案

（最高人民法院审判委员会讨论通过　2013 年 11 月 8 日发布）

关键词　行政诉讼　受案范围　批复

裁判要点

地方人民政府对其所属行政管理部门的请示作出的批复，一般属于内部行政行为，不可对此提起诉讼。但行政管理部门直接将该批复付诸实施并对行政相对人的权利义务产生了实际影响，行政相对人对该批复不服提起诉讼的，人民法院应当依法受理。

相关法条

《中华人民共和国行政诉讼法》第十一条

基本案情

2010 年 8 月 31 日，安徽省来安县国土资源和房产管理局向来安县人民政府报送《关于收回国有土地使用权的请示》，请求收回该县永阳东路与塔山中

路部分地块土地使用权。9 月 6 日，来安县人民政府作出《关于同意收回永阳东路与塔山中路部分地块国有土地使用权的批复》。来安县国土资源和房产管理局收到该批复后，没有依法制作并向原土地使用权人送达收回土地使用权决定，而直接交由来安县土地储备中心付诸实施。魏永高、陈守志的房屋位于被收回使用权的土地范围内，其对来安县人民政府收回国有土地使用权批复不服，提起行政复议。2011 年 9 月 20 日，滁州市人民政府作出《行政复议决定书》，维持来安县人民政府的批复。魏永高、陈守志仍不服，提起行政诉讼，请求人民法院撤销来安县人民政府上述批复。

裁判结果

滁州市中级人民法院于 2011 年 12 月 23 日作出（2011）滁行初字第 6 号行政裁定：驳回魏永高、陈守志的起诉。魏永高、陈守志提出上诉，安徽省高级人民法院于 2012 年 9 月 10 日作出（2012）皖行终字第 14 号行政裁定：一、撤销滁州市中级人民法院（2011）滁行初字第 6 号行政裁定；二、指令滁州市中级人民法院继续审理本案。

裁判理由

法院生效裁判认为：根据《土地储备管理办法》和《安徽省国有土地储备办法》以收回方式储备国有土地的程序规定，来安县国土资源行政主管部门在来安县人民政府作出批准收回国有土地使用权方案批复后，应当向原土地使用权人送达对外发生法律效力的收回国有土地使用权通知。来安县人民政府的批复属于内部行政行为，不向相对人送达，对相对人的权利义务尚未产生实际影响，一般不属于行政诉讼的受案范围。但本案中，来安县人民政府作出批复后，来安县国土资源行政主管部门没有制作并送达对外发生效力的法律文书，即直接交来安县土地储备中心根据该批复实施拆迁补偿安置行为，对原土地使用权人的权利义务产生了实际影响；原土地使用权人也通过申请政府信息公开知道了该批复的内容，并对批复提起了行政复议，复议机关作出复议决定时也告知了诉权，该批复已实际执行并外化为对外发生法律效力的具体行政行为。因此，对该批复不服提起行政诉讼的，人民法院应当依法受理。

［部门规章、部门规章性文件与解读］

中国证监会
关于进一步推进新股发行体制改革的意见

2013 年 11 月 30 日　　　　　　　　证监会公告〔2013〕42 号

贯彻党的十八届三中全会决定中关于“推进股票发行注册制改革”的要求，必须进一步推进新股发行体制改革，厘清和理顺新股发行过程中政府与市场的关系，加快实现监管转型，提高信息披露质量，强化市场约束，促进市场参与各方归位尽责，为实行股票发行注册制奠定良好基础。改革的总体原则是：坚持市场化、法制化取向，综合施策、标本兼治，进一步理顺发行、定价、配售等环节的运行机制，发挥市场决定性作用，加强市场监管，维护市场公平，切实保护投资者特别是中小投资者的合法权益。

一、推进新股市场化发行机制

（一）进一步提前招股说明书预先披露时点，加强社会监督。发行人招股说明书申报稿正式受理后，即在中国证监会网站披露。

（二）招股说明书预先披露后，发行人相关信息及财务数据不得随意更改。审核过程中，发现发行人申请材料中记载的信息自相矛盾、或就同一事实前后存在不同表述且有实质性差异的，中国证监会将中止审核，并在 12 个月内不再受理相关保荐代表人推荐的发行申请。发行人、中介机构报送的发行申请文件及相关法律文书涉嫌虚假记载、误导性陈述或重大遗漏的，移交稽查部门查处，被稽查立案的，暂停受理相关中介机构推荐的发行申请；查证属实的，自确认之日起36个月内不再受理该发行人的股票发行申请，并依法追究中介机构及相关当事人责任。

（三）股票发行审核以信息披露为中心。

发行人作为信息披露第一责任人，应当及时向中介机构提供真实、完整、准确的财务会计资料和其他资料，全面配合中介机构开展尽职调查。

保荐机构应当严格履行法定职责，遵守业务规则和行业规范，对发行人的申请文件和信息披露资料进行审慎核查，督导发行人规范运行，对其他中介机构出具的专业意见进行核查，对发行人是否具备持续盈利能力、是否符合法定发行条件做出专业判断，并确保发行人的申请文件和招股说明书等信息披露资料真实、准确、完整、及时。

会计师事务所、律师事务所、资产评估机构等证券服务机构及人员，必须严格履行法定职责，遵照本行业的业务标准和执业规范，对发行人的相关业务资料进行核查验证，确保所出具的相关专业文件真实、准确、完整、及时。

中国证监会发行监管部门和股票发行审核委员会依法对发行申请文件和信息披露内容的合法合规性进行审核，不对发行人的盈利能力和投资价值作出判断。发现申请文件和信息披露内容存在违法违规情形的，严格追究相关当事人的责任。

投资者应当认真阅读发行人公开披露的信息，自主判断企业的投资价值，自主做出投资决策，自行承担股票依法发行后因发行人经营与收益变化导致的风险。

（四）中国证监会自受理证券发行申请文件之日起三个月内，依照法定条件和法定程序作出核准、中止审核、终止审核、不予核准的决定。

（五）发行人首次公开发行新股时，鼓励持股满三年的原有股东将部分老股向投资者转让，增加新上市公司可流通股票的比例。老股转让后，公司实际控制人不得发生变更。老股转让的具体方案应在公司招股说明书和发行公告中公开披露。

发行人应根据募投项目资金需要量合理确定新股发行数量，新股数量不足法定上市条件的，可以通过转让老股增加公开发行股票的数量。新股发行超募的资金，要相应减持老股。

（六）申请首次公开发行股票的在审企业，可申请先行发行公司债。鼓励企业以股债结合的方式融资。

（七）发行人通过发审会并履行会后事项程序后，中国证监会即核准发行，新股发行时点由发行人自主选择。

（八）放宽首次公开发行股票核准文件的有效期至12个月。

发行人自取得核准文件之日起至公开发行前，应参照上市公司定期报告的信息披露要求，及时修改信息披露文件内容，补充财务会计报告相关数据，更新预先披露的招股说明书；期间发生重大会后事项的，发行人应及时向中国证监会报告并提供说明；保荐机构及相关中介机构应持续履行尽职调查义务。发行人发生重大会后事项的，由中国证监会按审核程序决定是否需要重新提交发审会审议。

二、强化发行人及其控股股东等责任主体的诚信义务

（一）加强对相关责任主体的市场约束。

1. 发行人控股股东、持有发行人股份的董事和高级管理人员应在公开募集及上市文件中公开承诺：所持股票在锁定期满后两年内减持的，其减持价格不低于发行价；公司上市后6个月内如公司股票连续20个交易日的收盘价均低于发行价，或者上市后6个月期末收盘价低于发行价，持有公司股票的锁定期限自动延长至少6个月。

2. 发行人及其控股股东、公司董事及高级管理人员应在公开募集及上市文件中提出上市后三年内公司股价低于每股净资产时稳定公司股价的预案，预案应包括启动股价稳定措施的具体条件、可能采取的具体措施等。具体措施可以包括发行人回购公司股票，控股股东、公司董事、高级管理人员增持公司股票等。上述人员在启动股价稳定措施时应提前公告具体实施方案。

3. 发行人及其控股股东应在公开募集及上市文件中公开承诺，发行人招股说明书有虚假记载、误导性陈述或者重大遗漏，对判断发行人是否符合法律规定的发行条件构成重大、实质影响的，将依法回购首次公开发行的全部新股，且发行人控股股东将购回已转让的原限售股份。发行人及其控股股东、实际控制人、董事、监事、高级管理人员等相关责任主体应在公开募集及上市文件中公开承诺：发行人招股说明书有虚假记载、误导性陈述或者重大遗漏，致使投资者在证券交易中遭受损失的，将依法赔偿投资者损失。

保荐机构、会计师事务所等证券服务机构应当在公开募集及上市文件中公开承诺：因其为发行人首次公开发行制作、出具的文件有虚假记载、误导性陈述或者重大遗漏，给投资者造成损失的，将依法赔偿投资者损失。

（二）提高公司大股东持股意向的透明度。发行人应当在公开募集及上市文件中披露公开发行前持股5%以上股东的持股意向及减持意向。持股5%以上股东减持时，须提前三个交易日予以公告。

（三）强化对相关责任主体承诺事项的约束。发行人及其控股股东、公司董事及高级管理人员等责任主体作出公开承诺事项的，应同时提出未能履行承诺时的约束措施，并在公开募集及上市文件中披露，接受社会监督。证券交易所应加强对相关当事人履行公开承诺行为的监督和约束，对不履行承诺的行为及时采取监管措施。

三、进一步提高新股定价的市场化程度

（一）改革新股发行定价方式。按照《证券法》第三十四条的规定，发行价格由发行人与承销的证券公司自行协商确定。发行人应与承销商协商确定定价方式，并在发行公告中披露。

（二）网下投资者报价后，发行人和主承销商应预先剔除申购总量中报价最高的部分，剔除的申购量不得低于申购总量的10%，然后根据剩余报价及申购情况协商确定发行价格。被剔除的申购份额不得参与网下配售。

公开发行股票数量在4亿股以下的，提供有效报价的投资者应不少于10家，但不得多于20家；公开发行股票数量在4亿股以上的，提供有效报价的投资者应不少于20家，但不得多于40家。网下发行股票筹资总额超过200亿的，提供有效报价的投资者可适当增加，但不得多于60家。有效报价人数不足的，应当中止发行。

发挥个人投资者参与发行定价的作用。发行人和主承销商应当允许符合条件的个人投资者参与网下定价和网下配售。具备承销资格的证券公司应预先制定上述个人投资者需具备的条件，并向社会公告。

（三）强化定价过程的信息披露要求。发行人和主承销商应制作定价过程及结果的信息披露文件并公开披露。在网上申购前，发行人和主承销商应当披露每位网下投资者的详细报价情况，包括投资者名称、申购价格及对应的申购数量，所有网下投资者报价的中位数、加权平均数，以公开募集方式设立的证券投资基金报价的中位数和加权平均数，确定的发行价及对应的市盈率等。

如拟定的发行价格（或发行价格区间上限）的市盈率高于同行业上市公司二级市场平均市盈率的，在网上申购前发行人和主承销商应发布投资风险特别公告，明示该定价可能存在估值过高给投资者带来损失的风险，提醒投资者关注。内容至少应包括：

1. 比较分析发行人与同行业上市公司的差异及对发行定价的影响；提请投资者关注所定价格与网下投资者报价之间存在的差异。

2. 提请投资者关注投资风险，审慎研判发行定价的合理性，理性做出投资决策。

四、改革新股配售方式

（一）引入主承销商自主配售机制。网下发行的股票，由主承销商在提供有效报价的投资者中自主选择投资者进行配售。发行人应与主承销商协商确定网下配售原则和方式，并在发行公告中披露。承销商应当按照事先公告的配售原则进行配售。

（二）网下配售的股票中至少40%应优先向以公开募集方式设立的证券投资基金和由社保基金投资管理人管理的社会保障基金配售。上述投资者有效申购数量不足的，发行人和主承销商可以向其他投资者进行配售。

（三）调整网下配售比例，强化网下报价约束机制。公司股本4亿元以下的，网下配售比例不低于本次公开发行股票数量的60%；公司股本超过4亿元的，网下配售比例不低于本次公开发行股票数量的70%。余下部分向网上投资者发售。既定的网下配售部分认购不足的，应当中止发行，发行人和主承销商不得向网上回拨股票。

（四）调整网下网上回拨机制。网上投资者有效认购倍数在50倍以上但低于100倍的，应从网下向网上回拨，回拨比例为本次公开发行股票数量的20%；网上投资者有效认购倍数在100倍以上的，回拨比例为本次公开发行股票数量的40%。

（五）改进网上配售方式。持有一定数量非限售股份的投资者才能参与网上申购。网上配售应综合考虑投资者持有非限售股份的市值及申购资金量，进行配号、抽签。

证券交易所、证券登记结算公司应制订网上配售的实施细则，规范网上配售行为。发行人、主承销商应根据相关规则制订网上配售具体方案并公告。方案必须明确每位投资者网上申购数量的上限，该上限最高不得超过本次网上初始发行股数的千分之一。

（六）强化股票配售过程的信息披露要求。主承销商和发行人应制作配售程序及结果的信息披露文件并公开披露。发行人和主承销商应当在发行公告中披露投资者参与自主配售的条件、配售原则；自主配售结束后应披露配售结果，包括获得配售的投资者名称、报价、申购数量及配售数额等，主承销商应说明自主配售结果是否符合事先公布的配售原则；对于提供有效报价但未参与申购，或实际申购数量明显少于报价时拟申购数量的投资者，发行人和主承销商应在配售结果中列表公示。

发行人、主承销商、参与网下配售的投资者及相关利益方存在维护公司股票上市后价格稳定的协议或约定的，发行人应在上市公告中予以披露。

五、加大监管执法力度，切实维护“三公”原则

（一）保荐机构与发行人签订发行上市相关的辅导协议后，应及时在保荐机构网站及发行人注册地证监局网站披露对发行人的辅导工作进展；辅导工作结束后，应对辅导过程、内容及效果进行总结并在上述网站披露。

（二）进一步提高信息披露质量。以投资者的决策需要为导向，改进信息披露内容和格式，突出披露重点，强化对发行人主要业务及业务模式、外部市场环境、经营业绩、主要风险因素等对投资者投资决策有重大影响的信息披露要求。使用浅白语言，提高披露信息的可读性，方便广大中小投资者阅读和监督。

（三）在发审会前，中国证监会将对保荐机构、会计师事务所、律师事务所等相关中介机构的工作底稿及尽职履责情况进行抽查。

（四）强化发行监管与稽查执法的联动机制。从申请文件被行政受理时点起，发行人及其董事、监事、高级管理人员及相关中介机构即需要对申请文件的真实性、准确性、完整性承担相应的法律责任。审核中发现涉嫌违法违规重大问题的，立即移交稽查部门介入调查。

（五）强化新股发行的过程监管、行为监管和事后问责。发行人和承销商不得向发行人、发行人董事及高级管理人员、承销商及上述人员的关联方配售股票。发行人和承销商不得采取操纵新股价格、暗箱操作或其他有违公开、公平、公正原则的行为；不得采取劝诱网下投资者抬高报价但不向其配售股票的行为；不得通过自主配售以代持、信托持股等方式向其他相关利益主体输送利益或谋取不正当利益。中国证券业协会应制定自律规则，规范路演推介、投资价值分析报告披露、承销商自主配售等行为，加强行业自律管理。

（六）证券交易所应进一步完善新股上市首日开盘价格形成机制及新股上市初期交易机制，建立以新股发行价为比较基准的上市首日停牌机制，加强对“炒新”行为的约束。

（七）发行人上市后，保荐机构应严格依法履行持续督导职责，督促发行人履行有关上市公司规范运行、信守承诺和信息披露等义务，审阅发行人信息披露文件及发行人向中国证监会、证券交易所提交的其他文件。持续督导期内，保荐机构应按规定公开披露定期跟踪报告；发行人出现重大变故或事件，保荐机构应按规定公开披露临时报告。持续督导期结束后20个工作日内，保荐机构应撰写督导工作报告，在中国证监会指定网站披露，并就督导工作未尽事宜作出安排。持续督导责任落实不到位的，依法追究保荐机构责任。

（八）发行人上市当年营业利润比上年下滑50%以上或上市当年即亏损的，中国证监会将自确认之日起即暂不受理相关保荐机构推荐的发行申请，并移交稽查部门查处。发行人在招股说明书中已经明确具体地提示上述业绩下滑风险、或存在其他法定免责情形的，不在此列。

上市公司涉嫌欺诈上市的，立案查处时即采取措施冻结发行人募集资金专用账户。

（九）进一步加大对发行人信息披露责任和中介机构保荐、承销执业行为的监督执法和自律监管力度。建立和完善中国证监会保荐信用监管系统、中国证券业协会从业人员自律管理系统与证券交易所信息披露系统之间的信息共享和互通互联，方便社会公众参与监督，强化外部声誉和诚信机制的约束功能。发行人及其董事、监事、高级管理人员未能诚实履行信息披露义务、信息披露严重违规、财务造假，或者保荐机构、会计师事务所、律师事务所等相关中介机构未能勤勉尽责的，依法严惩。

解读——

《关于进一步推进新股发行体制改革的意见》

中国证监会有关部门负责人

2013年11月30日，中国证监会发布《关于进一步推进新股发行体制改革的意见》（以下简称《意见》）。

一、党的十八届三中全会明确提出，要推进股票发行注册制改革，本次改革意见对推动注册制改革具有重要意义

股票发行注册制改革是资本市场牵一发而动全身的改革，需要有步骤地推进。目前一些国家和地区实行注册制的做法不完全一致，但共同的特点是，新股发行应当以发行人信息披露为中心，中介机构对发行人信息披露的真实性、准确性、完整性进行把关，监管部门对发行人和中介机构的申请文件进行合规性审核，不判断企业盈利能力，在充分信息披露的基础上，由投资者自行判断企业价值和风险，自主做出投资决策。

需要强调的是，注册制不是简单的登记生效制，不能将注册制理解为不管了，就是登记备案，自动生效，也不是说股票发行不要审了，更不是垃圾股可以随便发了，而是审核方式要改革。

注册制改革需要法律的修改，需要制定一系列的配套改革措施，也需要市场逐步适应和过渡，是一个连续的、循序渐进的、不断深化的过程。我们相信，本次改革将为注册制改革打下良好基础。

二、2013年6月7日以来向社会公开征求意见的总体情况及吸收意见的情况

中国证监会于6月7日就《意见（征求意见稿）》向社会各界公开征求意见。其间共收到正式反馈意见3229件，其中电子邮件3168件，传真38件，书面材料23件；其中各类机构意见91份，个人投资者意见3138份。另有130多位专家和业内人士通过报刊、博客、微博等途径发表了对此次改革的意见。总的看，市场各方对此次改革持肯定态度。市场各方针对征求意见稿提出了很多意见和建议，经过认真评估，我们对《意见》作了修改完善。

三、本次改革在强化投资者保护方面的针对性措施

保护投资者尤其是中小投资者的合法权益是本次改革的宗旨。《意见》从五个方面制定措施，加强投资者保护：一是促进发行人使用浅白语言，真实、准确、完整地披露公司情况，加强风险揭示，让投资者明明白白投资。二是促进公平合理定价，限制发行人定高价，防止投资者报高价，抑制上市后盲目炒作新股。比如，把减持与发行价挂钩，要求发行人制定股价稳定预案，定价时要先去掉报价最高的10%的申购量等。三是新股配售尊重中小投资者申购意愿，调整回拨机制和网上配售机制，如果中小投资者申购踊跃，网上发行股票的数量最高可达公开发行股票总数的80%，网上配售机制将更加有利于中小投资者申购。四是强化信息披露违法行为的赔偿责任。因信息披露违法行为给投资者造成损失的，发行人及其控股股东、相关中介机构等责任主体必须依法赔偿投资者损失；信息披露严重违法，影响对发行人上市条件的判断的，将要求发行人回购已经发行的新股，要求控股股东购回已经转让的限售股等等。五是加强监管执法，坚决打击违法违规行为，建立投资者保护的法律保障。

四、本次改革推进完善市场化运行机制的具体方面

完善市场化运行机制是本次改革的重点。主要体现在以下五个方面：

一是审核理念市场化。改革后，监管部门和发审委只对发行申请文件和信息披露内容的合法合规性进行审核，不判断发行人的持续盈利能力和投资价值，改由投资者和市场自主判断。

二是融资方式市场化。今后发行人可以选择普通股、公司债或者股债结合等多种融资方式，融资手段将更加丰富自由。

三是发行节奏更加市场化。新股发行的多少、快慢将更大程度由市场决定，新股需求旺盛则多发，需求冷清则少发或者不发。

四是发行价格、发行方式市场化。不再管制询价、定价、配售的具体过程，由发行人与主承销商自主确定发行时机和发行方案，并根据询价情况自主协商确定新股发行价格。主承销商可以根据事先公布的原则自主配售网下发行的股票，促进主承销商平衡买卖双方的利益，合理定价。

五是约束机制市场化。不再行政管控价格，采用市场化手段对相关责任主体进行约束。比如提前披露相关信息，加强社会监督；要求相关责任主体进行承诺，一定期限内减持价与发行价挂钩等。

需要强调的是，市场化改革并不意味着放任自流。2012 年年底以来，中国证监会着力开展了在审企业的财务专项检查工作，查处了一批违法违规案件，取得良好效果。今后，为保证市场主体归位尽责，维护市场秩序，保护投资者合法权益，监管部门、行业自律组织将会认真落实改革措施，进一步加强事中、事后监管，加大监管执法力度。

五、此次改革对提高上市公司信息披露质量提出的措施

真实、准确、完整地披露信息，是新股合理定价的基础，更是投资者投资决策的基本依据。为有效提高信息披露质量，本次改革采取的措施可以概括为：事前明确职责、完善标准；事中加强监督、强化监管；事后加重处罚力度，树立监管权威。

一是明确职责，完善标准。落实以信息披露为中心的理念，明确发行人和各中介机构的责任，促进归位尽责。完善信息披露标准，突出披露重点，要求语言通俗易懂，提高信息披露的针对性、实用性、有效性。发行过程中的报价、定价、申购、配售等各环节信息披露要求更详细、更具体、更及时，供网上投资者申购时参考，同时通过社会监督，防止利益输送。

二是加强监督、强化监管。从保荐机构辅导开始，即披露辅导情况；大幅提前招股说明书预先披露时间。发行人所披露的信息要接受社会公众更长时间的监督，通过强化监督，及时发现问题，威慑违法行为。借鉴今年财务专项大检查的经验，今后在发审会前，监管部门将抽查在审企业中介机构的尽职履责情况，被抽查的企业将接受比日常审核更为严格细致的审查；审核过程中发现违法违规线索，立即移交稽查部门处理，强化监管威慑。

三是加重处罚力度，树立监管权威。今后，发行人和中介机构从申报时点起，就需要对所披露的信息承担相应法律责任。审核中，一旦发现违法违规线索，根据程度的不同，将分别采取中止审核、移交稽查、移交司法机关，直至追究相关当事人责任。

本次改革明确，如信息披露严重违法，给投资者造成损失的，相关责任主体须依法赔偿投资者损失；如影响对发行上市条件判断的，要求发行人回购已发行的新股，控股股东购回已转让的限售股。

六、针对新股发行“三高”“圈钱”问题采取的措施

经过多次新股发行定价机制改革，已从最初的行政定价逐步过渡到市场化定价，这是改革的大势所趋。本次改革后，将不再执行“25%规则”，但并不意味着要放松对新股高定价和“圈钱”的约束。所谓“三高”，核心就是发行定价高。问题产生的原因很多，有新股炒作的原因，同时还有新股供求不均衡、发行人和保荐机构高定价冲动、“打新热”“人情报价”等诸多因素。

针对定价市场化后关于新股高定价和“圈钱”等问题，本次改革主要从以下三方面采取针对性措施：

一是平衡供需，抑制高定价。更大程度发挥市场调节作用，新股发行快慢、多少更多地由市场决定，使发行价格更加真实地反映市场供求关系。推动老股东转让股票，增加单只新股在上市首日的供应量。老股东转让股票的多少本身也反映其对公司价值的判断，老股东卖的多，买方自然不敢报高价。

二是强化约束，促进合理定价。首先，针对发行人，把减持行为与发行价挂钩，限制发行人定高价。如果定价过高，上市后一段时间内股价跌破发行价，发行人控股股东等责任主体需要按承诺自动延长持股锁定期。其次，采取措施约束网下配售的机构投资者报高价。确定发行价时，要求先剔除报价最高的10%的申购量。报价最高的部分将不得影响发行定价，报价最高者也不能获得配售，防止“人情报价”或盲目报高价。另外，提高网下配售的比例，限制网下配售的投资者家数，增加单个网下投资者的配售数量，加大报价申购的风险。这些措施都将有利于促进网下投资者审慎报价。再次，针对主承销商，引入自主配售机制。主承销商可以将网下发行的股票按事先公布原则配售给自己的客户。主承销商为发展长期客户，需要合理定价平衡买方利益。这有利于防止主承销商与发行人共谋定高价。最后，提高招股、定价、配售各环节信息的透明度，供网上投资者申购决策时参考，也可以通过强化社会监督防范定价配售环节的“暗箱操作”。

三是加强监管，威慑违规定价。监管部门将与自律组织开展协作，加强对报价、定价过程的监管，打击高报不买、高报少买、串通报价等行为。同时，采取措施打击新股炒作行为，定价过高则上市后跌破发行价的风险也会更高。

防范“三高”发行和“圈钱”，还需要投资者擦亮眼睛，认真研读发行人信息披露文件，做出理性投资决策，利用手中的投资权对发行人进行约束。

七、本次改革强化中介机构职责的措施

中介机构是证券市场的看门人，中介机构的尽职履责情况直接决定发行人信息披露的质量。为推动中介机构进一步尽职履责，《意见》推出的措施主要有：

一是进一步明确保荐机构、会计师事务所、律师事务所、资产评估机构等证券服务机构及人员在发行过程中的独立主体责任，划清责任边界。

二是信息披露责任提前。从发行申请文件提交之时起，中介机构即需要对所披露的信息负责。这将改变以往中介负责交材料，审核部门负责改材料，申报文件质量好坏不影响最终发行的局面，也将大大遏制中介机构突击申报、闯关申报的冲动。

三是明确信息披露重大违法时中介机构的赔偿责任。发行人信息披露存在重大违法，给投资者造成损失的，保荐机构、会计师事务所、律师事务所等中介机构必须依法赔偿投资者损失。

四是引入主承销商自主配售机制，使主承销商对其客户的投资损失负责，推动主承销商在定价时平衡发行人与客户的利益。同时强化信息披露要求，加强公众监督，防范暗箱操作输送利益。

五是加大过程监管。借鉴今年财务专项检查工作的经验，今后在审核过程，将会抽查相关中介机构尽职履责情况。审核中发现涉嫌违法违规重大问题的，立即移交稽查部门介入调查。加大对路演推介、投资价值分析报告披露、承销商自主配售等行为的检查力度。

六是加大对业绩“变脸”的处罚力度。确认业绩“变脸”，即暂不受理相关保荐机构推荐的发行申请，并移交稽查部门查处。

七是将中介机构的诚信记录、执业情况公示。今后，将整合证监会、证券业协会、证券交易所的信息，对中介机构及执业人员的执业记录进行

"画像"并公示，以此约束中介机构的执业行为。

八、《意见》公布后公司发行上市安排以及760多家在审企业核准发行时间

所有企业必须符合改革意见的要求后才能发行新股。本次改革《意见》公布后，要完成一系列准备工作才会有公司发行新股并上市。准备工作主要是：

一是要出台配套规则和措施，落实改革要求。比如，证监会要修改《证券发行与承销管理办法》，制定老股转让办法，完善信息披露规则；证券交易所及证券登记结算公司需要制订新股网上配售的实施细则；证券交易所需要出台文件并调整交易系统，完善新股上市首日开盘价格形成机制及新股上市初期交易机制，建立以新股发行价为比较基准的上市首日停牌机制等。

二是通过发审会审核的企业还需要按照《意见》要求对申报文件作出必要的修改，并履行相关程序。比如，发行人需要召开股东会确定本次公开发行方案，包括新股发行数量及老股转让数量，制定股价稳定预案等；控股股东等责任主体需要按照改革意见的要求进行承诺，并在招股说明书中进行披露。按照公司法的相关规定，发行人完成相关程序估计需要1个月左右的时间。

过会企业完成上述准备工作后，要向证监会提交更新后的发行申请文件，履行会后事项监管程序。企业如不存在需要重新提交发审会审核的17项重要会后事项，中国证监会将按照本次改革意见及配套措施的规定，核准新股发行。

目前排队申请发行的企业累计已达到760多家，《意见》发布后，中国证监会将按申请企业的排队顺序依次安排审核工作。预计完成760多家企业的审核工作，需要1年左右的时间。

九、新股发行重启可能对市场带来的影响

股市设立以来，已经历8次新股发行暂停、7次恢复发行。前7次恢复发行后的首个交易日，上证综指5次下跌、2次上涨。从实际情况看，恢复新股发行并不决定股市中长期走势，股市运行主要由当时经济基本面和宏观政策所决定。

发行节奏的市场化，并不意味着目前已通过发审会的80余家企业马上就全部发行完毕。通过发审会审核的企业需要按照新的改革意见对申报文件作出必要的修改，并履行相关程序，2014 年 1 月 31 日前完不成上述工作的过会企业还需要补充最新财务数据，提交 2013 年审计报告。企业和承销机构也需要寻找合适的发行时间窗口。部分通过发审会的企业由于中介机构正被立案调查，无法取得核准文件。总的来看，已过会企业完成发行需要一定时间。

投资者作为市场重要的参与方，应当充分发挥买方约束，认真阅读发行人公开披露的信息，自主判断企业的投资价值，审慎做出投资决策。目前，市场也有观点认为，经过长期停发新股及财务专项检查，目前留下的在审企业都是好企业，大量资金等待炒作新股。需要提醒投资者关注的是，按照以信息披露为中心的要求，今后监管部门不对企业的盈利能力和投资价值作判断，本次改革针对新股炒作也制定了针对性措施，请广大投资者认真研判投资风险，审慎做出投资决策，不要盲目参与新股炒作。

十、推出老股转让的政策考虑以及配套措施的要点

推出老股转让措施，允许首发时公司股东向公众公开发售存量股份，一是可以增加新上市公司可流通股数量，缓解单只股票上市时可交易份额偏少的状况；二是推动老股东转让股票可以对买方报高价形成约束，进一步促进买、卖双方充分博弈，促进新股合理定价；三是推出老股转让可以缓解“超募”问题；四是缓解股票上市后，老股集中解禁对二级市场的影响。

配套措施的要点有：拟转让的老股需持有 36 个月以上，防止老股东快速套现；老股转让后，公司的股权结构不得发生重大变化，实际控制人不得发生变更，防止影响公司治理结构的稳定性，从而不利于公司经营；公司应事先确定公开发行股票总数及老股转让上限，新股发行数量根据询价情况及募投项目资金需求量合理确定，一方面可以遏制资金超募，另一方面有利于稳定投资者预期，合理报价；此外，还包括中介机构执业要求及相关信息披露要求等。

《意见》正式公布后，中国证监会将尽快出台配套文件，新股重启后拟进行老股转让的公司应按照配套规则的要求进行。

十一、此次改革要求参与网上配售的投资者持有非限售股份的原因

在征求意见过程中，建议实行市值配售的意见较为集中。为此，我们对网上配售方式作了相应修订，提出："持有一定数量非限售股份的投资者才能参与网上申购，网上配售应综合考虑投资者持有非限售股份的市值及申购资金量，进行配号、抽签。"

本次改革提出的网上配售方式与之前实行的市值配售有所不同，并不是简单恢复以往做法。不同之处在于：（1）持有一定数量上市公司非限售股份是投资者参与网上配售的条件之一；（2）网上配售不是按持有上市公司非限售股份的市值进行比例配售；（3）网上配售既要考虑持有上市公司非限售股份的市值，也要考虑申购资金量，需要先缴款再配售。

作出此项规定主要基于以下两点考虑：一是鼓励二级市场投资者长期持有股票，减少新股申购对二级市场的冲击；二是平衡一二级市场投资者的利益。

上市公司监管指引第3号
——上市公司现金分红

2013年11月30日　　　　证监会公告〔2013〕43号

第一条　为规范上市公司现金分红，增强现金分红透明度，维护投资者合法权益，根据《公司法》、《证券法》、《上市公司信息披露管理办法》和《上市公司证券发行管理办法》等规定，制定本指引。

第二条　上市公司应当牢固树立回报股东的意识，严格依照《公司法》、《证券法》和公司章程的规定，健全现金分红制度，保持现金分红政策的一致性、合理性和稳定性，保证现金分红信息披露的真实性。

第三条　上市公司制定利润分配政策时，应当履行公司章程规定的决策程序。董事会应当就股东回报事宜进行专项研究论证，制定明确、清晰的股东回报规划，并详细说明规划安排的理由等情况。上市公司应当在公司章程中载明以下内容：

（一）公司董事会、股东大会对利润分配尤其是现金分红事项的决策程序和机制，对既定利润分配政策尤其是现金分红政策作出调整的具体条件、决策程序和机制，以及为充分听取独立董事和中小股东意见所采取的措施。

（二）公司的利润分配政策尤其是现金分红政策的具体内容，利润分配的形式，利润分配尤其是现金分红的期间间隔，现金分红的具体条件，发放股票股利的条件，各期现金分红最低金额或比例（如有）等。

第四条 上市公司应当在章程中明确现金分红相对于股票股利在利润分配方式中的优先顺序。

具备现金分红条件的，应当采用现金分红进行利润分配。

采用股票股利进行利润分配的，应当具有公司成长性、每股净资产的摊薄等真实合理因素。

第五条 上市公司董事会应当综合考虑所处行业特点、发展阶段、自身经营模式、盈利水平以及是否有重大资金支出安排等因素，区分下列情形，并按照公司章程规定的程序，提出差异化的现金分红政策：

（一）公司发展阶段属成熟期且无重大资金支出安排的，进行利润分配时，现金分红在本次利润分配中所占比例最低应达到80%；

（二）公司发展阶段属成熟期且有重大资金支出安排的，进行利润分配时，现金分红在本次利润分配中所占比例最低应达到40%；

（三）公司发展阶段属成长期且有重大资金支出安排的，进行利润分配时，现金分红在本次利润分配中所占比例最低应达到20%；

公司发展阶段不易区分但有重大资金支出安排的，可以按照前项规定处理。

第六条 上市公司在制定现金分红具体方案时，董事会应当认真研究和论证公司现金分红的时机、条件和最低比例、调整的条件及其决策程序要求等事宜，独立董事应当发表明确意见。

独立董事可以征集中小股东的意见，提出分红提案，并直接提交董事会审议。

股东大会对现金分红具体方案进行审议前，上市公司应当通过多种渠道主动与股东特别是中小股东进行沟通和交流，充分听取中小股东的意见和诉求，及时答复中小股东关心的问题。

第七条 上市公司应当严格执行公司章程确定的现金分红政策以及股东大会审议批准的现金分红具体方案。确有必要对公司章程确定的现金分红政策进行调整或者变更的，应当满足公司章程规定的条件，经过详细论证后，履行相应的决策程序，并经出席股东大会的股东所持表决权的2/3以上通过。

第八条 上市公司应当在年度报告中详细披露现金分红政策的制定及执行情况，并对下列事项进行专项说明：

（一）是否符合公司章程的规定或者股东大会决议的要求；

（二）分红标准和比例是否明确和清晰；

（三）相关的决策程序和机制是否完备；

（四）独立董事是否履职尽责并发挥了应有的作用；

（五）中小股东是否有充分表达意见和诉求的机会，中小股东的合法权益是否得到了充分保护等。

对现金分红政策进行调整或变更的，还应对调整或变更的条件及程序是否合规和透明等进行详细说明。

第九条 拟发行证券、借壳上市、重大资产重组、合并分立或者因收购导致上市公司控制权发生变更的，应当在募集说明书或发行预案、重大资产重组报告书、权益变动报告书或者收购报告书中详细披露募集或发行、重组或者控制权发生变更后上市公司的现金分红政策及相应的安排、董事会对上述情况的说明等信息。

第十条 上市公司可以依法发行优先股、回购股份。

支持上市公司在其股价低于每股净资产的情形下（亏损公司除外）回购股份。

第十一条 上市公司应当采取有效措施鼓励广大中小投资者以及机构投资者主动参与上市公司利润分配事项的决策。充分发挥中介机构的专业引导作用。

第十二条 证券监管机构在日常监管工作中，应当对下列情形予以重点关注：

（一）公司章程中没有明确、清晰的股东回报规划或者具体的现金分红政策的，重点关注其中的具体原因，相关决策程序是否合法合规，董事、监事、高级管理人员是否勤勉尽责，独立董事是否出具了明确意见等；

（二）公司章程规定不进行现金分红的，重点关注该等规定是否符合公司的实际情况，是否进行了充分的自我评价，独立董事是否出具了明确意见等；

（三）公司章程规定了现金分红政策，但无法按照既定现金分红政策确定当年利润分配方案的，重点关注公司是否按照要求在年度报告中披露了具体原因，相关原因与实际情况是否相符合，独立董事是否出具了明确意见等；

（四）上市公司在年度报告期内有能力分红但不分红尤其是连续多年不分红或者分红水平较低的，重点关注其有关审议通过年度报告的董事会公告中是否详细披露了未进行现金分红或现金分红水平较低的原因，相关原因与实际情况是否相符合，持续关注留存未分配利润的确切用途以及收益情况，独立董事是否对未进行现金分红或现金分红水平较低的合理性发表独立意见，是否按照规定为中小股东参与决策提供了便利等；

（五）上市公司存在大比例现金分红等情形的，重点关注相关决策程序是否合法合规，董事、监事及高级管理人员是否勤勉尽责，独立董事是否出具了明确意见，是否按照规定为中小股东参与决策提供了便利，是否存在明显不合理或相关股东滥用股东权利不当干预公司决策等情形。

第十三条 上市公司有下列情形的，证券监管机构应采取相应的监管措施：

（一）未按规定制定明确的股东回报规划；

（二）未针对现金分红等利润分配政策制定并履行必要的决策程序；

（三）未在定期报告或其他报告中详细披露现金分红政策的制定及执行情况；

（四）章程有明确规定但未按照规定分红；

（五）现金分红监管中发现的其他违法违规情形。

上市公司在有关利润分配政策的陈述或者说明中有虚假或重大遗漏的，证券监管机构应当采取相应的监管措施；依法应当行政处罚的，依照《证券法》

第一百九十三条予以处罚。

第十四条 证券监管机构应当将现金分红监管中的监管措施实施情况按照规定记入上市公司诚信档案。上市公司涉及再融资、资产重组事项时，其诚信状况应当在审核中予以重点关注。

第十五条 本指引由中国证券监督管理委员会负责解释。

第十六条 本指引自公布之日起施行。

保险消费投诉处理管理办法

2013 年 7 月 1 日　　　　保监会令 2013 年第 8 号

第一章　总　则

第一条 为了规范保险消费投诉处理工作，保护保险消费者合法权益，根据《中华人民共和国保险法》等法律、行政法规，制定本办法。

第二条 本办法所称保险消费投诉，包括保险消费者向保险机构、保险中介机构提出保险消费投诉和保险消费者向中国保险监督管理委员会（以下简称“中国保监会”）及其派出机构提出保险消费投诉。

保险消费者向保险机构、保险中介机构提出保险消费投诉，是指保险消费者在保险消费活动中与保险机构、保险中介机构、保险从业人员发生争议，向相关保险机构、保险中介机构反映情况，要求解决争议的行为。

保险消费者向中国保监会及其派出机构提出保险消费投诉，是指保险消费者认为在保险消费活动中，因保险机构、保险中介机构、保险从业人员存在违反有关保险监管的法律、行政法规和中国保监会规定的情形，使其合法权益受到损害，向中国保监会及其派出机构反映情况，申请其履行法定监管职责的行为。

第三条 保险消费投诉处理工作应当坚持依法、公平、公正、便民的原则，提高办事效率，切实保护保险消费者的合法权益。

第四条 中国保监会保险消费者权益保护局是全国保险消费投诉处理工作的管理部门，对全国保险消费投诉处理工作进行监督管理。

中国保监会派出机构应当明确保险消费投诉处理工作的管理部门，对辖区内保险消费投诉处理工作进行监督管理。

第五条 保险机构、保险中介机构应当设立或者指定本单位保险消费投诉处理工作的管理部门和工作岗位，配备工作人员，负责对本单位保险消费投诉的办理、统计、分析、管理工作。

保险公司及其省级分公司、保险专业代理公司、保险经纪公司、保险公估机构应当指定本单位分管保险消费投诉处理工作的高级管理人员为保险消费投诉处理工作责任人。

第六条 保险公司、保险专业代理公司、保险经纪公司、保险公估机构应当加强对分支机构保险消费投诉处理工作的管理、指导和考核，协调和支持分支机构妥善处理各类保险消费投诉。

第七条 保险行业协会应当建立保险消费投诉处理机制，积极协调、督促会员保险机构和保险中介机构及时处理保险消费投诉。

第八条 中国保监会派出机构应当指导辖区内建立健全保险纠纷调处机制，并监督其规范运行。

保险行业协会应当加强行业自律，协调、督促会员保险机构和保险中介机构通过协商和调解的方式解决保险消费投诉，做好保险纠纷调解机构的建设和管理工作，促进保险纠纷调处机制正常运行。

保险公司、保险专业代理公司、保险经纪公司、保险公估机构应当指导并支持分支机构参加当地保险纠纷调处机制，与保险消费者协商解决保险消费争议。

保险纠纷调处机制具体办法由中国保监会另行制定。

第二章　职责分工

第九条　保险机构负责处理保险消费者提出的下列投诉：

（一）因保险合同条款与本单位发生争议的；

（二）因保险销售、承保、退保、保全、赔付等业务与本单位发生争议的；

（三）因保险消费活动与本单位发生其他争议的。

第十条　保险中介机构负责处理保险消费者因保险中介服务与本单位发生争议提出的投诉。

保险消费者向保险机构提出保险消费投诉的，为其提供保险中介服务的保险中介机构可以协助其反映情况或者为其提供相关便利条件，促进保险消费投诉顺利解决。

第十一条　中国保监会负责处理保险消费者提出的下列投诉：

（一）保险公司违反有关保险监管的法律、行政法规和中国保监会规定，损害保险消费者合法权益，依法应当由中国保监会负责处理的；

（二）保险从业人员违反有关保险监管的法律、行政法规和中国保监会规定，损害保险消费者合法权益，依法应当由中国保监会负责处理的；

（三）其他依法应当由中国保监会负责处理的情形。

第十二条　中国保监会派出机构负责处理保险消费者提出的下列投诉：

（一）辖区内保险公司分支机构、保险中介机构违反有关保险监管的法律、行政法规和中国保监会规定，损害保险消费者合法权益，依法应当由中国保监会派出机构负责处理的；

（二）辖区内保险从业人员违反有关保险监管的法律、行政法规和中国保监会规定，损害保险消费者合法权益，依法应当由中国保监会派出机构负责处理的；

（三）其他依法应当由中国保监会派出机构负责处理的情形。

第三章 保险消费投诉处理

第一节 保险消费投诉的提出

第十三条 保险消费者提出保险消费投诉，可以采取邮寄、传真、电子邮件等方式，也可以采取电话、面谈等方式。

采取邮寄、传真、电子邮件方式提出保险消费投诉的，保险消费者应当将投诉材料发送至该投诉处理单位指定的通讯地址、传真号码、电子邮箱。

采取电话方式提出保险消费投诉的，保险消费者应当拨打该投诉处理单位指定的电话号码。

采取面谈方式提出保险消费投诉的，保险消费者应当在该投诉处理单位指定的接待场所提出。5 名以上保险消费者拟采取面谈方式共同提出保险消费投诉的，应当推选 1 到 2 名代表。

第十四条 保险消费投诉应当由保险消费者本人提出，并应当提供以下材料：

（一）投诉人的基本情况，包括：公民的姓名、有效证件号码、联系电话、联系地址、邮政编码；法人或者其他组织的名称、住所、邮政编码和法定代表人或者主要负责人的姓名、职务；

（二）被投诉人的基本情况，包括：被投诉的保险机构或者保险中介机构的名称；被投诉的保险从业人员的相关情况以及其所属保险机构或者保险中介机构的名称；

（三）投诉请求、主要事实和理由，以及相关事实的证明材料。

第十五条 保险消费者本人提出保险消费投诉确有困难的，可以委托他人代为提出，但应当向投诉处理单位提交本办法第十四条规定的投诉材料、授权委托书原件以及受托人的身份证明。授权委托书应当载明委托事项、权限和期限，并应当由保险消费者本人亲笔签名。

第十六条 采取电子邮件方式提出保险消费投诉的，可以同时提交书面材料；投诉处理工作人员也可以视情况要求投诉人提供相关证明材料。

采取面谈方式提出保险消费投诉的，可以同时提交本办法第十四条规定的书面材料，或者填写相关投诉材料表格。投诉人书写确有困难的，可以由投诉处理工作人员记录投诉人和被投诉人基本情况、投诉请求、主要事实和理由，并由投诉人签字确认。投诉处理工作人员也可以视情况要求投诉人提供相关证明材料。

采取电话方式提出保险消费投诉的，投诉处理工作人员应当记录投诉人和被投诉人基本情况、投诉请求、主要事实和理由，并可以视情况要求投诉人提供相关证明材料。

投诉人提交的书面材料应当由投诉人亲笔签名。法人和其他组织提出保险消费投诉的，投诉材料应当加盖本单位印章。

第十七条 保险消费投诉处理工作管理部门应当对收到的保险消费投诉进行登记，投诉材料不完整的，应当自收到材料之日起5个工作日内通知投诉人补充提供。

保险消费者向保险机构、保险中介机构提出保险消费投诉的，保险机构、保险中介机构已经掌握或者可以通过有关信息档案获得的材料，不得再要求投诉人补充提供。

第十八条 保险消费者提出保险消费投诉，应当客观真实，对其所提供材料内容的真实性负责，不得提供虚假信息或者捏造、歪曲事实，不得诬告、陷害他人。

保险消费者在保险消费投诉过程中应当遵守法律、行政法规和国家有关规定，维护社会公共秩序和投诉处理单位的办公秩序。

第二节 保险消费投诉受理

第十九条 保险消费投诉处理工作管理部门是所在单位受理保险消费投诉的工作机构。

第二十条 保险消费投诉处理工作管理部门收到完整投诉材料后，应当及时进行审查，并根据下列情况分别作出处理：

（一）依照本办法规定，属于本单位负责处理的保险消费投诉，予以受理；

（二）属于本办法规定的保险消费投诉，但是不属于本单位负责处理的，不予受理，并可以转相关单位处理；

（三）不属于本办法规定的保险消费投诉，但是应当由本单位其他部门负责处理的，转相关部门依照有关规定处理；

（四）不属于本办法规定的保险消费投诉，且不属于本单位其他部门负责处理的，不予受理；

（五）有本办法第二十一条第一款规定情形之一的，不予受理。

第二十一条 保险消费投诉具有下列情形之一的，投诉处理工作管理部门不予受理：

（一）投诉不是由保险消费者本人或者保险消费者的受托人提出的；

（二）本单位已经受理投诉，保险消费者在处理期限内没有新的事实和理由再次提出同一投诉的；

（三）本单位已经作出投诉处理决定，保险消费者没有新的事实和理由再次提出同一投诉的。

保险消费者在处理期限内再次提出同一投诉，但有新的事实和理由需要查证的，投诉处理工作管理部门可以合并处理，处理期限自收到新的投诉材料之日起重新计算。

第二十二条 保险消费投诉处理工作管理部门应当自收到完整投诉材料之日起10个工作日内，告知投诉人是否受理，不予受理的，应当说明理由。

第三节 保险消费投诉处理决定

第二十三条 保险机构、保险中介机构对受理的保险消费投诉应当及时组织调查核实，根据投诉请求的不同情形，分别作出下列处理决定：

（一）符合法律、行政法规、国家有关规定以及保险合同约定的，应当依法依约履行义务；

（二）不符合法律、行政法规、国家有关规定以及保险合同约定的，应当对投诉人做好解释工作；

（三）法律、行政法规、国家有关规定未作出明确规定以及保险合同约定不明确的，应当按照公平合理的原则与投诉人协商；

（四）保险消费投诉不是由保险消费者本人或者保险消费者的受托人提出

的，终止保险消费投诉处理，并告知投诉人；

（五）处理决定作出前，投诉人撤回保险消费投诉的，终止保险消费投诉处理，并告知投诉人。

第二十四条 保险机构、保险中介机构受理保险消费投诉后，应当区别情况，在下列期限内作出处理决定：

（一）对于事实清楚、争议情况简单的保险消费投诉，应当自受理之日起10个工作日内作出处理决定；

（二）对于第（一）项规定情形以外的保险消费投诉，应当自受理之日起30日内作出处理决定。情况复杂的，经本单位保险消费投诉处理工作责任人批准，可以延长处理期限，但延长期限不得超过30日，并告知投诉人延长期限的理由。

第二十五条 处理决定作出之日起5个工作日内，保险机构、保险中介机构应当告知投诉人。告知内容应当包括：

（一）投诉请求是否符合法律、行政法规、国家有关规定和保险合同约定；

（二）处理意见；

（三）投诉人如果对处理决定有异议的，可以按照本办法第二十六条的规定申请核查，也可以通过保险纠纷调处机制或者诉讼、仲裁等方式解决。

第二十六条 投诉人对保险公司分支机构、保险专业代理公司分支机构、保险经纪公司分支机构、保险公估机构分支机构作出的保险消费投诉处理决定有异议的，可以自收到处理决定之日起30日内向该机构的上一级机构书面申请核查。

核查机构应当对保险消费投诉的处理过程、处理时限和处理结果进行核查，并应当自收到核查申请之日起30日内作出核查决定。核查决定作出之日起5个工作日内，核查机构应当告知投诉人。

第二十七条 中国保监会及其派出机构对受理的保险消费投诉应当及时组织调查核实，自受理投诉之日起60日内作出处理决定；情况复杂的，经本单位负责人批准，可以延长处理期限，但延长期限不得超过30日，并告知投诉人延长期限的理由。法律、行政法规、规章另有规定的，依照其规定。

投诉人在处理决定作出前撤回保险消费投诉的，或者中国保监会及其派出机构在调查中发现，保险消费投诉不是由保险消费者本人或者保险消费者的受托人提出的，终止保险消费投诉处理，并告知投诉人。根据相关规定应当由本单位其他部门负责处理的，转相关部门处理。

第二十八条 处理决定作出之日起5个工作日内，中国保监会及其派出机构应当告知投诉人。告知内容应当包括：

（一）被投诉人是否违反或者涉嫌违反有关保险监管的法律、行政法规和中国保监会规定；

（二）处理意见；

（三）投诉人如果对处理决定有异议的，可以按照本办法第二十九条的规定申请核查。

第二十九条 投诉人对中国保监会派出机构作出的保险消费投诉处理决定有异议的，可以自收到处理决定之日起30日内向中国保监会书面申请核查。

中国保监会应当对保险消费投诉的处理过程、处理时限和处理结果进行核查，并应当自收到核查申请之日起30日内作出核查决定。核查决定作出之日起5个工作日内，中国保监会应当告知投诉人。

第四节 保险消费投诉处理工作制度

第三十条 保险机构、保险中介机构应当公布本单位的保险消费投诉电话号码、传真号码、信函邮寄地址、接待场所地址和电子邮箱等信息，并在官方网站和营业场所展示保险消费投诉处理程序。

中国保监会及其派出机构应当建立并完善保险消费者投诉维权热线，公布本单位的保险消费投诉电话号码、传真号码、信函邮寄地址、接待场所地址和电子邮箱等信息，并在官方网站和办公场所展示保险消费投诉处理程序。

第三十一条 保险机构、保险中介机构、中国保监会及其派出机构应当建立保险消费投诉登记制度和保险消费投诉档案管理制度，并定期汇总投诉数据，进行分析研究。

第三十二条 保险机构、保险中介机构、中国保监会及其派出机构应当健全本单位保险消费投诉处理工作制度、投诉考评制度和责任追究制度。

第三十三条 保险机构、保险中介机构、中国保监会及其派出机构应当依据国家有关规定制定重大及群体性保险消费投诉处理应急预案，做好重大及群体性保险消费投诉的预防、报告和应急处理工作。

保险机构、保险中介机构、中国保监会派出机构对于5人以上群体性的或者影响重大的保险消费投诉信息，应当按照中国保监会的有关规定进行报告。

第三十四条 负责处理保险消费投诉的工作人员应当遵守下列规定：

（一）坚持实事求是、依法合规，不得推诿、敷衍、拖延；

（二）全面、认真听取投诉人陈述事实及理由，妥善处理，避免激化矛盾；

（三）与保险消费投诉或者投诉人有直接利害关系的，应当回避；

（四）遵守有关的保密规定。

第四章 监督管理

第三十五条 保险机构、保险中介机构处理由中国保监会或者其派出机构转办的保险消费投诉，应当按照转办单位的要求书面报告以下情况：

（一）是否受理该投诉，不予受理的应当说明理由；

（二）该投诉的处理过程、处理时限及处理意见；

（三）投诉人是否接受处理结果。

第三十六条 保险机构、保险中介机构在处理保险消费投诉中有下列情形之一的，中国保监会及其派出机构可以及时提出改进工作的要求，并监督投诉处理单位限期整改：

（一）未按本办法规定受理的；

（二）未按本办法规定向投诉人告知是否受理的；

（三）未按本办法规定作出处理决定的；

（四）未按本办法规定向投诉人告知处理决定的；

（五）未按本办法规定向投诉人告知对处理决定有异议可以申请核查的；

（六）其他违反本办法规定，在投诉处理中损害保险消费者合法权益，需要整改的情形。

收到整改要求的投诉处理单位应当在30日内书面报告整改情况。

第三十七条 中国保监会及其派出机构根据工作需要，可以对保险机构、保险中介机构处理保险消费投诉的情况进行回访，听取投诉人对处理决定的意见。

第三十八条 保险公司应当按照中国保监会的要求，报告本单位保险消费投诉处理工作制度、投诉考评制度、责任追究制度、保险消费投诉处理工作责任人名单，以及上述事项的变动情况。

保险公司省级分公司、保险中介机构应当按照所在地中国保监会派出机构的要求，报告本单位保险消费投诉处理工作制度、投诉考评制度、责任追究制度、保险消费投诉处理工作责任人名单，以及上述事项的变动情况。

第三十九条 保险公司应当于每季度结束后10个工作日内向中国保监会书面报告该季度本保险机构保险消费投诉处理工作情况。

保险公司分支机构、保险中介机构应当于每季度结束后7个工作日内向所在地中国保监会派出机构书面报告该季度保险消费投诉处理工作情况。

第四十条 保险机构、保险中介机构应当每年对本单位保险消费投诉处理工作进行自查，并于次年3月1日前向中国保监会或者所在地派出机构报送书面自查报告。

自查报告应当说明本单位保险消费投诉处理相关制度和执行情况，存在的问题以及改进措施。

第四十一条 中国保监会建立保险机构、保险中介机构保险消费投诉处理工作考评制度，选取合理指标，全面科学地考核评价保险机构、保险中介机构投诉处理工作情况。

第四十二条 保险机构、保险中介机构违反本办法规定，有下列情形之一的，中国保监会及其派出机构可以根据具体情况，将其列为重点监管对象，与其高级管理人员进行监管谈话，或者依法采取其他监管措施：

（一）未按本办法规定建立保险消费投诉处理相关制度的；

（二）未按本办法规定公布保险消费投诉处理相关信息的；

（三）未按本办法规定期限如实报告保险消费投诉处理工作有关情况的；

（四）违反本办法第三十六条规定，未按要求整改，情节严重的；

（五）其他违反本办法规定，造成严重后果的。

第五章　附　则

第四十三条　本办法所称保险消费活动，是指购买中华人民共和国境内保险产品以及接受相关保险服务的行为。

本办法所称保险消费者，包括投保人、被保险人和受益人。

本办法所称保险从业人员，是指保险机构工作人员、保险中介机构从业人员，以及其他为保险机构销售保险产品的保险销售从业人员。

第四十四条　本办法所称保险机构，是指保险公司及其分支机构。

本办法所称保险中介机构，是指保险专业代理公司及其分支机构、保险经纪公司及其分支机构、保险公估机构及其分支机构。

第四十五条　保险消费者认为在保险消费活动中，因保险兼业代理机构及其从业人员存在违反有关保险监管的法律、行政法规和中国保监会规定的情形，使其合法权益受到损害，向中国保监会及其派出机构反映情况，申请其履行法定监管职责的，参照适用本办法。

第四十六条　保险消费投诉处理工作管理部门应当依照本办法的规定向投诉人告知相关事项，但投诉人无法联系的除外。

依照本办法规定向投诉人告知不予受理保险消费投诉或者告知保险消费投诉处理决定的，应当采取书面方式告知；投诉人同意的，也可以采取电话、电子邮件等其他方式，并保留有关告知的文字或者录音资料。

采取书面方式告知的，应当在本办法规定的告知期限内寄出相关书面文件；采取电话方式告知的，应当在本办法规定的告知期限内拨打投诉人电话；采取电子邮件方式告知的，应当在本办法规定的告知期限内发出相关电子文件。

第四十七条　本办法所称的以内含本数。

第四十八条　本办法由中国保监会负责解释。

第四十九条　本办法自 2013 年 11 月 1 日起施行。

解读——《保险消费投诉处理管理办法》

中国保监会保险消费者权益保护局负责人

2013年11月1日，《保险消费投诉处理管理办法》（保监会令2013年第8号，以下简称《投诉办法》）正式施行。

一、《投诉办法》出台的重要意义

保险消费投诉是保险消费者反映问题，请求解决与保险机构、保险中介机构有关争议的主要方式。保险消费投诉处理工作是否规范高效，既关系到广大保险消费者的切身利益，也直接反映了保险服务的质量和保险监管的有效性。中国保监会高度重视保险消费投诉处理工作，将这项工作作为为民监管、服务群众、保护保险消费者合法权益的重要措施之一。

这次实施的《投诉办法》是一部系统规范保险监管机构和保险机构、保险中介机构保险消费投诉处理工作的部门规章。《投诉办法》的施行，将进一步规范我国保险消费投诉处理工作，畅通保险消费者维权渠道，提高保险消费投诉处理工作效率，强化保险机构、保险中介机构保险消费投诉处理工作责任，对于依法高效解决保险消费矛盾纠纷，保护保险消费者合法权益，推动保险公司提高服务水平，提升保险行业社会形象，从而促进保险业持续健康发展将起到重要作用。

二、《投诉办法》的主要特点

《投诉办法》具有以下特点：一是约束的主体范围更加广泛。《投诉办法》不但约束保险监管机构，而且约束保险机构、保险中介机构，是规范整个保险行业消费投诉处理工作的一部制度规定。二是工作职责更加明确。《投诉办法》清晰界定了中国保监会及其派出机构、保险机构、保险中介机构在保险消费投诉处理工作中各自所负的职责。三是工作程序更加清晰。《投诉办法》详细规定了保险消费投诉的提出、受理范围及程序、办理要求及时限、处理决定及核查等。四是制度性要求更加具体。《投诉办法》对于建立保险消费投诉登记，档案管理，重大投诉的预防、报告和应急处理，内部考评和责任追究等工作制度提出明确要求。五是监督管理更加严格。中国保监会建立保险消费投诉处理工作考评制度，对保险机构、保险中介机构投诉处理情况进行考核评价；监督保险机构、保险中介机构的保险消费投诉处理工作，对存在损害保险消费者合法权益的情形限期整改，并可根据具体情况采取相应的监管措施。

三、《投诉办法》对保险消费投诉的界定

《投诉办法》规定保险消费投诉包括两类行为：一是保险消费者在保险消费活动中与保险机构、保险中介机构、保险从业人员发生争议，向相关保险机构、保险中介机构反映情况，要求解决争议的行为。二是保险消费者认为在保险消费活动中，因保险机构、保险中介机构、保险从业人员存在违反有关保险监管的法律、行政法规和中国保监会规定的情形，使其合法权益受到损害，向中国保监会及其派出机构反映情况，申请监管机构履行法定监管职责的行为。这里所说的保险消费活动是指购买中华人民共和国境内保险产品以及接受相关保险服务的行为。保险消费者包括投保人、被保险人和受益人。

四、《投诉办法》对保险监管机构、保险机构、保险中介机构保险消费投诉处理工作职责的划分

根据我国法律法规的有关规定，《投诉办法》确定：中国保监会及其派出机构履行行政监管职责，依法查处保险消费者反映的保险机构、保险中介机构、保险从业人员违反有关保险监管的法律、行政法规和中国保监会规定的行为，并追究相关机构和人员的行政责任。保险机构负责处理其与保险消费者之间因保险消费活动引发的民事争议，并依法解决保险消费者有关民事诉求；保险中介机构负责处理其与保险消费者之间因保险中介服务活动引发的民事争议，并依法解决保险消费者有关民事诉求。

五、保险消费者提出保险消费投诉的方式以及提出投诉应注意的问题

第一，保险消费者可以通过邮寄、传真、电子邮件等方式提出保险消费投诉，也可通过电话、面谈方式提出。第二，保险消费投诉应当由保险消费者本人提出，确有困难的可委托他人代为提出，但需要提供委托书和受托人的身份证明。第三，保险消费者提出保险消费投诉，需要提供投诉人的基本情况，被投诉人的基本情况，投诉请求、主要事实和理由，以及相关事实的基本证明材料。第四，保险消费者提出保险消费投诉，应当客观真实，不得提供虚假信息或捏造、歪曲事实，不得诬告、陷害他人。

六、《投诉办法》规定的不予受理的投诉事项

根据《投诉办法》的规定，不予受理的事项主要有：一是投诉事项不属于保险消费投诉的；二是投诉事项不是保险消费者本人或其受托人提出的；三是投诉事项不属于接收单位负责处理的；四是在保险消费投诉处理期限内，保险消费者没有新的事实和理由再次提出同一投诉的；五是本单位已作出投诉处理决定，保险消费者没有新的事实和理由再次提出同一投诉的。

七、《投诉办法》规定保险消费投诉事项办理完毕的时间

根据《投诉办法》规定，对于受理的保险消费投诉事项，中国保监会及其派出机构应自受理之日起60日内作出处理决定，情况复杂的，应在受理之日起90日内作出处理决定。

根据《投诉办法》规定，对于受理的保险消费投诉事项，保险机构、保险中介机构应自受理之日起30日内作出处理决定。但有两种例外情形，一是对于事实清楚、争议情况简单的投诉，应自受理之日起10个工作日内作出处理决定；二是对于情况复杂的，应自受理之日起60日内作出处理决定。

八、保险消费者对保险消费投诉处理决定不满意的处理

根据《投诉办法》规定，如果保险消费者对中国保监会派出机构作出的保险消费投诉处理决定有异议的，可以自收到处理决定之日起30日内向中国保监会书面申请核查，中国保监会应当自收到核查申请之日起30日内作出核查决定。

根据《投诉办法》的规定，如果保险消费者对保险公司分支机构、保险中介机构分支机构作出的保险消费投诉处理决定有异议的，可以自收到处理决定之日起30日内向该机构的上一级机构书面申请核查，核查机构应当自收到核查申请之日起30日内作出核查决定。

此外，《投诉办法》规定了各地区保险行业要建立保险纠纷调处机制，保险消费者可以向当地的保险纠纷调解机构申请调解。保险消费者还可以依法向有管辖权的人民法院提起诉讼，或者向保险合同约定的仲裁机构申请仲裁。

九、《投诉办法》对保险机构、保险中介机构保险消费投诉处理工作的监管要求

《投诉办法》突出并强化了保险机构、保险中介机构在保险消费投诉处理工作中的义务和责任。主要表现在：一是要求保险机构、保险中介机构要健全保险消费投诉处理工作的制度机制，明确工作部门和岗位，充实工作力量。二是要求保险公司总公司及其省级分公司、保险中介机构要指定高级管理人员担任保险消费投诉处理工作责任人，并加强对本单位及其所属分支机构保险消费投诉处理工作的管理、指导和考核。三是要求保险机构、保险中介机构做好保险消费投诉处理有关信息的公开工作。四是要求保险机构、保险中介机构要按照《投诉办法》规定受理保险消费投诉，在规定时限内办理完毕并告知保险消费者。五是要求保险机构、保险中介机构每季度向保险监管机构报告其保险消费投诉处理工作情况。六是要求各级保险监管机构要加强对保险机构、保险中介机构保险消费投诉处理工作的督办、监督和考评，对保险机构、保险中介机构违反《投诉办法》规定的行为依法采取相应的监管措施。

商品现货市场交易特别规定（试行）

2013 年 11 月 8 日　　　　　　　　　　　　　商务部令 2013 第 3 号

第一章　总　则

第一条　为规范商品现货市场交易活动，维护市场秩序，防范市场风险，保护交易各方的合法权益，促进商品现货市场健康发展，加快推行现代流通方式，根据国家有关法律法规以及《国务院关于清理整顿各类交易场所切实防范金融风险的决定》（国发〔2011〕38 号），制定本规定。

第二条　中华人民共和国境内的商品现货市场交易活动，应当遵守本规定。国家另有规定的，依照其规定。

第三条　本规定所称商品现货市场，是指依法设立的，由买卖双方进行公开的、经常性的或定期性的商品现货交易活动，具有信息、物流等配套服务功能的场所或互联网交易平台。

本规定所称商品现货市场经营者（以下简称市场经营者），是指依法设立商品现货市场，制定市场相关业务规则和规章制度，并为商品现货交易活动提供场所及相关配套服务的法人、其他经济组织和个人。

第四条　从事商品现货市场交易活动，应当遵循公开、公平、公正和诚实信用的原则。

第五条　商务部负责全国商品现货市场的规划、信息、统计等行业管理工作，促进商品现货市场健康发展。

中国人民银行依据职责负责商品现货市场交易涉及的金融监管以及非金融机构支付业务的监管工作。

第六条 商品现货市场行业协会应当制定行业规范和行业标准，加强行业自律，组织业务培训，建立高管诚信档案，受理投诉和调解纠纷等。

第二章 交易对象和交易方式

第七条 商品现货市场交易对象包括：

（一）实物商品；

（二）以实物商品为标的的仓单、可转让提单等提货凭证；

（三）省级人民政府依法规定的其他交易对象。

第八条 商品现货市场交易的实物商品，应当执行国家有关质量担保责任的法律法规，并符合现行有效的质量标准。

第九条 商品现货市场交易可以采用下列方式：

（一）协议交易；

（二）单向竞价交易；

（三）省级人民政府依法规定的其他交易方式。

本规定所称协议交易，是指买卖双方以实物商品交收为目的，采用协商等方式达成一致，约定立即交收或者在一定期限内交收的交易方式。

本规定所称单向竞价交易，是指一个买方（卖方）向市场提出申请，市场预先公告交易对象，多个卖方（买方）按照规定加价或者减价，在约定交易时间内达成一致并成交的交易方式。

第十条 市场经营者不得开展法律法规以及《国务院关于清理整顿各类交易场所切实防范金融风险的决定》禁止的交易活动，不得以集中交易方式进行标准化合约交易。

现货合同的转让、变更，应当按照法律法规的相关规定办理。

第三章 商品现货市场经营规范

第十一条 市场经营者应当履行下列职责：

（一）提供交易的场所、设施及相关服务；

（二）按照本规定确定的交易方式和交易对象，建立健全交易、交收、结算、仓储、信息发布、风险控制、市场管理等业务规则与各项规章制度；

（三）法律法规规定的其他职责。

第十二条 市场经营者应当公开业务规则和规章制度。制定、修改和变更业务规则和规章制度，应当在合理时间内提前公示。

第十三条 商品现货市场应当制定应急预案。出现异常情况时，应当及时采取有效措施，防止出现市场风险。

第十四条 市场经营者应当采取合同约束、系统控制、强化内部管理等措施，加强资金管理力度。

市场经营者不得以任何形式侵占或挪用交易者的资金。

第十五条 鼓励商品现货市场创新流通方式，降低交易成本；建设节能环保、绿色低碳市场。

第十六条 鼓励商品现货市场采用现代信息化技术，建立互联网交易平台，开展电子商务。

第十七条 市场经营者应当建立完善商品信息发布制度，公布交易商品的名称、数量、质量、规格、产地等相关信息，保证信息的真实、准确，不得发布虚假信息。

第十八条 采用现代信息化技术开展交易活动的，市场经营者应当实时记录商品仓储、交易、交收、结算、支付等相关信息，采取措施保证相关信息的完整和安全，并保存五年以上。

第十九条 市场经营者不得擅自篡改、销毁相关信息和资料。

第四章　监督管理

第二十条 县级以上人民政府商务主管部门负责本行政区域内的商品现货市场的行业管理，并按照要求及时报送行业发展规划和其他具体措施。

中国人民银行分支机构依据职责负责辖区内商品现货市场交易涉及的金融机构和支付机构的监督管理工作。

国务院期货监督管理机构派出机构负责商品现货市场非法期货交易活动的认定等工作。

第二十一条 市场经营者应当根据相关部门的要求报送有关经营信息与资料。

第二十二条 县级以上人民政府商务主管部门应当根据本地实际情况，建立完善各项工作制度。必要时应及时将有关情况报告上级商务主管部门和本级人民政府。

第五章 法律责任

第二十三条 市场经营者违反第十一条、第十二条、第十三条、第十四条、第十七条、第十八条、第十九条、第二十一条规定，由县级以上商务主管部门会同有关部门责令改正。逾期不改的，处一万元以上三万元以下罚款。

第二十四条 市场经营者违反第八条、第十条规定和《期货交易管理条例》的，依法予以处理。

第二十五条 有关行政管理部门工作人员在市场监督管理工作中，玩忽职守、滥用职权、徇私舞弊的，依法给予行政处分；构成犯罪的，依法追究刑事责任。

第六章 附 则

第二十六条 本规定自2014年1月1日起施行。

[司法实务问题研究]

无权处分合同与处分行为的效力认定及实务要点

田朗亮*

《最高人民法院关于审理买卖合同纠纷案件适用法律问题的解释》（以下简称《买卖合同解释》）第三条①的规定与此前“无权处分合同效力未定”的习惯认识有所不同，现筛选该司法解释自2012年7月1日起施行至今近一年的典型案例并予以评析，以梳理与《买卖合同解释》第三条相关的实务中需注意之点。

一、负担行为与处分行为的区分及违约救济

【案例1】

广东省××市中级人民法院（2012）×中法民一终字第54×号陈某与陈某渊、王某某返还原物纠纷上诉案：

关于陈某与王某某的房屋买卖行为是否有效的问题。《买卖合同解释》第三条第一款规定：“当事人一方以出卖人在缔约时对标的物没有所有权或者处分权为由主张合同无效的，人民法院不予支持。”按照以上司法解释，合同一方当事人出卖尚未取得所有权或者处分权的标的物，也不能因此确认合同无效。本案中，陈某渊是涉案房屋的共有人，在未经陈某渊同意的情况下，陈某与王某某签订的房屋买卖协议，属于出卖他人之物的协议，并不能因此确认协

---

* 最高人民法院审判监督庭法官。

① 《买卖合同解释》第三条规定：“当事人一方以出卖人在缔约时对标的物没有所有权或者处分权为由主张合同无效的，人民法院不予支持。出卖人因未取得所有权或者处分权致使标的物所有权不能转移，买受人要求出卖人承担违约责任或者要求解除合同并主张损害赔偿的，人民法院应予支持。”

议无效。原审法院确认陈某与王某某的房屋买卖协议无效缺乏法律依据，本院予以纠正。

【案例2】

辽宁省××市中级人民法院（2012）×中民二终字第232×号王某某与王某、翁某房屋买卖合同纠纷上诉案：

翁某于2005年9月20日与王某签订了《私房交易契约书》，其房主王某财系翁某岳父，共三间房，房屋价格人民币7000元，并将房屋交付王某居住至今，该房款现在在翁某手中。该房主王某财已于2011年3月6日因病死亡，其妻赵某兰于2005年11月23日死亡。现王某某（王某某系王某财、赵某兰之子）以翁某没有代理权限为由诉至法院，请求人民法院判令翁某与王某所签订的私房交易协议书无效。王某认为该合同有效，不同意王某某的诉讼请求。本院认为：上诉人王某某的诉讼请求系要求确认王某与翁某双方间签订的《私房交易契约书》无效，其理由系翁某在出售诉争房产时并无诉争房产的处分权。依据《买卖合同解释》第三条的规定，当事人一方以出卖人在缔约时对标的物没有所有权或者处分权为由主张合同无效的，人民法院不予支持。据此规定，翁某在与王某签订《私房交易契约书》时，翁某是否具有诉争房产处分权并不影响《私房交易契约书》的效力，该《私房交易契约书》仍系有效合同，因此对于上诉人王某某要求确认该买卖合同无效的诉讼请求，本院不予支持。《私房交易契约书》虽系有效合同，但翁某是否具有处分权将影响诉争房产是否产生物权变动的法律后果，王某某可就该房屋所有权另行提起民事诉讼。

【评析】

（一）负担行为与处分行为的区分

“根据合同归合同法调整，物权变动归物权法规制的原则，在买卖合同法律关系中，买卖合同是物权变动的原因行为，所有权转移是物权变动之结果。”① 据此，《买卖合同解释》第三条第一款明确规定：“当事人一方以出卖人在缔约时对标的物没有所有权或者处分权为由主张合同无效的，人民法院不予支持。”该款规定的理论基础系负担行为（债权行为）与处分行为（物权行

① 最高人民法院民事审判第二庭编著：《最高人民法院关于买卖合同司法解释理解与适用》，人民法院出版社2012年版，第69页。

为）的区分，即无权处分人与买受人订立的买卖合同的效力，不因无权处分人欠缺处分权而受到影响。从该条规定出发，只要无权处分的买卖合同没有其他的效力瑕疵，就应当认为该合同系有效的债权合同。[①] 上述案例1系单独出卖共有物，案例2系出卖他人之物，案涉法院对当事人请求确认案涉无权处分债权合同为无效合同的主张均不予支持，颇值赞同。

（二）买卖合同与违约救济

《买卖合同解释》第三条第二款规定："出卖人因未取得所有权或者处分权致使标的物所有权不能转移，买受人要求出卖人承担违约责任或者要求解除合同并主张损害赔偿的，人民法院应予支持。"无权处分的债权合同虽属有效，但买卖合同标的物的所有权人仍受物权法规定的所有权制度的保护，其所有权并未因该买卖合同有效或无效而受到影响。如果所有权人事后同意出卖或将标的物的所有权移转于出卖人，则出卖人可以向买受人履行前述原属无权处分的债权合同，完成向买受人移转该标的物所有权的处分行为；如果所有权人不同意出卖或拒绝将标的物的所有权移转于出卖人，则出卖人即确定地不能向买受人履行合同债务，出卖人需就此依据《买卖合同解释》第三条第二款的规定承担违约责任，买受人亦可解除合同并要求赔偿损失。

二、无权处分合同的效力与处分行为的界定

【案例3】

××市第×中级人民法院（2012）××中民×（民）终字第86×号涂某某与李某甲房屋买卖合同纠纷案：

本院认为，《买卖合同解释》第三条规定，当事人一方以出卖人在缔约时对标的物没有所有权或者处分权为由主张合同无效的，人民法院不予支持。出卖人因未取得所有权或者处分权致使标的物所有权不能转移，买受人要求出卖人承担违约责任或者要求解除合同并主张损害赔偿的，人民法院应予支持。系争房屋产权属李某乙、涂某某（二人系母女关系）共同共有，2006年5月15日李某乙以自己及涂某某的名义与李某甲、陶某某签订《协议书》将该房屋出售给李某甲、陶某某。因签约时李某乙并未提供涂某某的书面授权委托书，且亦无证据显示李某乙的售房行为实际获得了涂某某的授权，故李某乙与李某甲、陶某某签订《协议书》出售李某乙与涂某某共有房屋的行为属无权处分。

① 田朗亮：《买卖合同纠纷裁判规则与案例适用》，中国法制出版社2012年版，第52页。

根据上述司法解释的规定，即便李某乙在签约时未经涂某某同意，构成无权处分，但并不因此导致双方签订的合同即《协议书》无效。因此，原审认定上述《协议书》有效当属正确。现李某甲、陶某某基于《协议书》要求办理产权变更登记。根据上述司法解释，虽然出卖人在缔约时对标的物没有处分权，并不影响买卖合同的效力，但能否发生所有权转移的物权变动效果，则取决于出卖人嗣后能否取得处分权。鉴于李某乙的上述处分行为嗣后并未获得涂某某追认，故该处分行为无效，不发生物权变动之结果。因此，李某甲、陶某某依据上述《协议书》要求办理产权变更登记，于法无据，本院不予支持。而因无法办理产权变更登记所产生的法律后果，李某甲、陶某某则可另行主张。原审法院在涂某某对于李某乙上述处分行为明确不予追认的情况下，判决李某乙、涂某某办理系争房屋产权变更登记手续，不妥，本院依法予以纠正。

【评析】

（一）无权处分合同与强制履行

无权处分的买卖合同，在动产标的物未交付、不动产标的物未过户的情况下，如所有权人（出卖人系出卖他人之物的情况）或标的物的其他共有人（出卖人系单独出卖共有物的情况[①]）不同意出卖，买受人如请求判令强制出卖人履行合同义务（即交付、过户），应不予支持。因为此时买卖合同虽然有效，但移转标的物所有权的行为属处分行为，需有权处分人（所有权人或其他共有人）的同意，故出卖人向买受人转移标的物所有权的合同债务属于《合同法》第一百一十条第（一）项[②]规定的法律上不能履行的债务，不能判令强制履行（过户）。上述案例3中，案涉法院在认定无权处分合同系有效合同的基础上继而对买受人依据买卖合同要求办理产权变更登记的主张不予支持，颇值赞同。

（二）无权处分合同与无权代理

认定无权处分合同的前提之一系出卖人系以自身名义订立买卖合同，即出卖人以自身名义出卖他人之物或出卖人以单独名义出卖共有之物，上述案例3中，案涉房屋属李某乙、涂某某共同共有，李某乙系以自己与涂某某共同的名

---

① 另根据《物权法》第九十七条之规定，占共有物份额2/3以上的按份共有人出卖共有物，不属于无权处分。

② 《合同法》第一百一十条规定：“当事人一方不履行非金钱债务或者履行非金钱债务不符合约定的，对方可以要求履行，但有下列情形之一的除外：（一）法律上或者事实上不能履行；（二）债务的标的不适于强制履行或者履行费用过高；（三）债权人在合理期限内未要求履行。”

义与李某甲、陶某某签订买卖合同，此种情况下，适用《买卖合同解释》第三条认定合同效力并不妥当，而应适用《合同法》第四十八条等关于无权代理的规定认定买卖合同的效力。①

（三）处分行为的所指

法律行为可分为负担行为与处分行为，负担行为（债权行为）系指发生债权债务之行为，如买卖、赠与、保证、租赁等；处分行为指使特定权利直接发生得以变更的行为，可再分为物权行为与准物权行为。② 具体到买卖交易实践中，订立买卖合同的行为系负担行为（债权行为），移转标的物所有权的行为系处分行为（物权行为）。上述案例3中，李某乙以自己及涂某某的名义与李某甲、陶某某签订《协议书》拟将该房屋出售给李某甲、陶某某的行为，只产生了基于《协议书》的买卖合同上的债权与债务，房屋所有权并没有发生任何变动，因此并不存在处分行为，不应将李某乙签订《协议书》的负担行为混淆于处分行为，上述案例3中案涉法院使用“处分行为”概念，所指是不明确的。③

三、处分行为与善意取得

【案例4】

上海市第×中级人民法院（2012）沪×中民二（民）终字第139×号上诉人（原审被告）栾某与陈乙、范某某、陈甲、黄某买卖合同纠纷上诉案：

本院认为，买卖合同的效力不受出卖人在缔约时是否有处分权的影响。根据《买卖合同解释》第三条第一款之规定，当事人一方以出卖人在缔约时对标的物没有所有权或者处分权为由主张合同无效的，人民法院不予支持。现范某某、陈乙以陈甲未经其同意擅自出卖5××室房屋为由要求确认陈甲与栾某

---

① 此案中无论适用无权处分合同的规定还是无权代理的规定，均不影响该案不支持办理变更登记的处理结果。《合同法》第四十八条规定：“行为人没有代理权、超越代理权或者代理权终止后以被代理人名义订立的合同，未经被代理人追认，对被代理人不发生效力，由行为人承担责任。相对人可以催告被代理人在一个月内予以追认。被代理人未作表示的，视为拒绝追认。合同被追认之前，善意相对人有撤销的权利。撤销应当以通知的方式作出。”同时，此类纠纷一旦认定存在无权代理的情形，则需同时依据《合同法》第四十九条（若系夫妻则需考虑《最高人民法院关于适用〈中华人民共和国婚姻法〉若干问题的解释（一）》第十七条第（二）项的适用）考虑有无成立表见代理。《合同法》第四十九条规定：“行为人没有代理权、超越代理权或者代理权终止后以被代理人名义订立合同，相对人有理由相信行为人有代理权的，该代理行为有效。”若成立表见代理，则买受人有权向所有权人请求强制履行。

② 王泽鉴：《民法总则》，北京大学出版社2009年版，第397页。

③ 当然，该案不支持办理变更登记的处理结果，仍颇值赞同。

签订的《上海市房地产买卖合同》无效，依法应当不予支持。鉴于原审判决作出之时《买卖合同解释》尚未施行，《买卖合同解释》第四十六条第二款规定“本解释施行后尚未终审的买卖合同纠纷案件，适用本解释”，故陈乙、范某某要求确认买卖合同无效之诉请，依法不予支持。5××室房屋虽系陈甲、范某某婚姻关系存续期间动迁安置取得，范某某对该房屋享有权利，但根据不动产的公示、公信原则，由于5××室房屋登记在陈甲一人名下，栾某凭房产登记信息有理由相信陈甲是5××室房屋的完全权利人。此外，对于陈甲向栾某转让5××室房屋的价格90万元，鉴于交易过程中税务机关评估价为97万元，且栾某实际支付对价为96万元，故本院认为5××室房屋转让价格合理。加之，5××室房屋已移转登记至栾某名下。因此，可以认定栾某依法已取得5××室房屋所有权。综上所述，陈乙、范某某要求确认陈甲与栾某于2011年6月10日签订的《上海市房地产买卖合同》无效并将5××室房屋产权恢复原状的诉讼请求，缺乏事实和法律依据，依法不予支持。

【评析】

（一）处分行为的效力未定

在无权处分的出卖人已将作为标的物的动产交付给买受人、不动产过户到买受人名下的情况，此种移转标的物所有权的处分行为并不因无权处分的债权合同有效而当然有效，仍系效力未定的处分行为，需待有权处分人的追认，买受人并不因此当然取得标的物的所有权。

（二）买受人的善意取得

虽然上述处分行为效力未定且有权处分人存在不予追认的可能，但此种情形下的买受人另受《物权法》第一百零六条规定的善意取得制度的保护，即如果买受人受让该不动产或者动产时是善意的、[①] 转让价格系合理价格、转让的不动产或者动产依照法律规定应当登记的已经登记（不需要登记的已经交付给受让人），则买受人取得标的物的所有权，不论出卖人是否具有处分权及有权处分人是否追认。在买受人善意取得标的物所有权的情况下，标的物的原所有权人可以依据《侵权责任法》的规定向无权处分人主张损害赔偿，如果原所有权人与出卖人之间就标的物存在租赁等合同关系的，亦可向出卖人主张违约责任。

① 若买受人系恶意，则不受善意取得制度的保护，不能主张善意取得。

四、其他相关问题

（一）无权处分合同与买受人的撤销权、不安抗辩权

无权处分的买卖合同不因无权处分而无效，当然有利于买受人依据合同约定追究出卖人的违约责任，但在买受人负有先付款义务（即合同约定先付款后交货或过户）的情况下，对买受人并非当然有利。此种情形下，如果双方缔结买卖合同时出卖人向买受人隐瞒其不具有处分权的真实情况的行为构成《合同法》第五十四条第二款①规定的欺诈的，买受人有权请求人民法院或仲裁机构撤销该买卖合同；除了撤销权之外，在买受人知悉出卖人不具有处分权的真实情况后，还可以主张《合同法》第六十八条和第一百五十二条规定的不安抗辩权。

（二）不动产登记簿的推定力与共有人的物权主张

《婚姻法》第十七条②规定了夫妻财产的法定共有制，同时《物权法》第十六条③规定了不动产登记簿的推定力。假设甲、乙系夫妻，婚姻期间所购的共同共有的房产仅登记在甲一人名下，则会引发《婚姻法》第十七条与《物权法》第十六条之间的冲突。应当认为，《婚姻法》第十七条关于夫妻共同共有的规定是确定物权归属的实体法规范，不是推定权利，而是确定权利，可以排除《物权法》第十六条的适用，④ 甲可以援引《婚姻法》第十七条向包括乙在内的任何人主张其对共有房产的所有权。⑤ 再假设甲在乙不知情的情况下以自身名义与丙订立出卖共有房产的买卖合同，显系无权处分的买卖合同（该合同不因无权处分而无效），丙信赖不动产登记簿的记载并将房产所有权转移登记于丙名下之后即可主张善意取得；但问题系若丙登记过户前发生纠纷，乙明确向甲、丙表示不

---

① 《合同法》第五十四条第二款规定："一方以欺诈、胁迫的手段或者乘人之危，使对方在违背真实意思的情况下订立的合同，受损害方有权请求人民法院或者仲裁机构变更或者撤销。"

② 《婚姻法》第十七条规定："夫妻在婚姻关系存续期间所得的下列财产，归夫妻共同所有：（一）工资、奖金；（二）生产、经营的收益；（三）知识产权的收益；（四）继承或赠与所得的财产，但本法第十八条第三项规定的除外；（五）其他应当归共同所有的财产。夫妻对共同所有的财产，有平等的处理权。"

③ 《物权法》第十六条规定："不动产登记簿是物权归属和内容的根据。不动产登记簿由登记机构管理。"

④ 夫妻共有系婚姻法特别规定，物权上受特别保护，其他隐名共有协议并无此种物权效力。如并非夫妻关系的甲、乙依据隐名共有协议共同购买某房产并按约定登记于乙名下，则甲只能依据该隐名共有协议向乙主张协议约定的债权，在甲的名字未登记于不动产登记簿之前，甲不能就该房产对外主张物权。

⑤ 参见程啸：《不动产登记法研究》，法律出版社2011年版，第197、198页。

同意出卖，能否支持丙强制过户的诉讼请求？笔者倾向于认为，乙的所有权不仅可向登记权利人甲主张，也可以向买受人丙主张，处分行为的有效完成需以有处分权为前提，此种情况下，甲并非有权处分人，移转房产所有权系甲在法律上不能履行的合同债务，不应判令强制履行，① 但买受人可要求出卖人承担违约责任或者要求解除合同并主张损害赔偿。

---

① 该问题在理论上和实务上均存在较大分歧，部分地方法院的判决即认为此种情形下基于不动产登记簿公示公信的效力和买受人对登记簿的信赖可判令强制过户，特别在买受人已经支付房款并已入住（取得对房产的占有）的情况下，会持较强的判令强制过户的倾向性意见。此种意见更有利于交易安全，但同时也架空了善意取得制度并有碍于婚姻法规定的夫妻财产法定共同制的实现。

上述此种不同意见的典型案例如广东省××市中级人民法院（2012）×中法民五终字第276×号李某、欧某与王某房屋买卖合同纠纷案，该判决认为："关于案涉合同的效力问题。本案中，案涉房屋取得于李某与欧某婚姻关系存续期间，属于夫妻共同所有，现该房屋的产权仅登记在李某一人名下，因此，李某与欧某上诉提出由于李某在处分案涉房屋时没有取得欧某的同意，故该无权处分行为导致案涉合同应属无效。对此，《最高人民法院关于审理买卖合同纠纷案件适用法律问题的解释》第三条规定：当事人一方以出卖人在缔约时对标的物没有所有权或者处分权为由主张合同无效的，人民法院不予支持。根据上述司法解释的规定，在共同共有的场合下，部分共有人即使在未经其他共有人同意处分共有财产的，出卖他人之物的合同仍应当认定为合法有效，据此，原审法院认定《合约》中房屋买卖条款为有效合同正确，本院予以确认。李某与欧某以无权处分为由而主张合同无效的上诉理由，缺乏法律依据，本院不予采信。关于案涉合同应否继续履行的问题 。根据《最高人民法院关于适用〈中华人民共和国婚姻法〉若干问题的解释（一）》第十七条第二款规定：夫或妻非因日常生活需要对夫妻共同财产做重要处理决定，夫妻双方应当平等协商，取得一致意见。他人有理由相信其为夫妻双方共同意思表示的，另一方不得以不同意或不知道为由对抗善意第三人。本案中，李某系诉争房屋权属证明记载的权利人，因此其是该房屋登记意义上的所有权人。由于物权登记制度的设立就是要使物权具有公开性、可识别性，使第三人可直接从外部知悉物权的存在及其现状，其目的就是要维护物的占有秩序和交易安全，保护善意第三人的利益。因此，对于婚姻关系以外的任何第三人，该权属登记都是合法有效的权利证明，且足以证明李某系该房屋的所有权人，据此，本案中，李某负有证明王某在明知欧某不同意出卖诉争房屋的情况下仍与李某签订合同的举证责任，但李某对此并未举证证明，因此，李某上诉提出王某在签订合同时主观存有恶意，缺乏事实依据，本院不予采信。王某作为善意第三人有理由相信李某能够处分案涉房屋，其与李某所签订的案涉合同对于双方当事人均具有约束力，因王某已按合同约定履行了其主要义务，故其主张继续履行案涉合同、办理交易递件手续具有事实和法律依据，应予得到支持，原审法院对此处理并无不当，本院予以维持。至于李某处分案涉房屋的行为是否给欧某造成侵害，欧某应另循其他途径予以解决，因此，《同意出售共有财产声明》中欧某的签名真实与否对于本案的实体处理并无实质影响，李某、欧某以签名不具有真实性为由而提出的上诉理由，本院亦不予采信。"

就该问题，还可参见王泽鉴：《民法物权》，北京大学出版社2009年版，第106、107页。所述如下："不动产所有权登记，在第三人尚未信赖该登记而取得权利新登记之前，并不能据以排斥真正之权利人，如该登记原因有无效或撤销之情形，真正所有人对于登记名义人得为'民法'（中国台湾地区，笔者注）第767条所有人之物上请求权之主张。"

由此衍生的问题是，此种情形下买卖合同双方申请登记时，不动产登记机构有无主动审查此种登记于一方名下的不动产是否夫妻共有的义务？应当认为，登记机构并无此种审查义务，应根据登记权利人的申请办理相应登记。在完成过户手续后，只要过户时登记簿上不存在异议登记且符合物权法善意取得规定的其他要件，就应当认为买受人取得了房产的所有权。参见程啸：《不动产登记法研究》，法律出版社2011年版，第199页。当然，登记实践与司法实践中就该问题亦存在一定分歧，理解与做法不一，有待统一。

[新类型疑难案例选评]

范某卓与张某全等借款及担保合同纠纷案

赵振华* 王雪飞**

[裁判要旨]

在主合同有效的情况下，因债权人、担保人的过错，而致担保合同无效，担保人应承担缔约过失责任。按照缔约过失责任的构成要件，该赔偿责任的前提是担保人对债权人的损失存在过错以及该损失与担保人的过错存在因果关系。即使在保证合同成立生效的情况下，债权人若未在保证期间内向保证人主张权利，已视为债权人对保证利益的放弃，债权人的经济损失与担保人的过错已无因果关系，担保人的保证责任已经免除。故依据合同当事人基于合同无效的责任不应当高于合同有效的责任的原则，在主合同有效而担保合同无效的情况下，债权人超过保证期间向担保人主张承担赔偿责任不应得到支持。

[案情简介]

原告：范某卓。

被告：张某全。

被告：重庆市顺峰生物科技有限公司（以下简称顺峰公司）。

被告：中国农业银行股份有限公司重庆永川东城支行（以下简称农行永

* 重庆市第五中级人民法院助理审判员，法学博士。

** 重庆市第五中级人民法院助理审判员。

川东城支行）。

被告：熊某荣。

第三人：朱某华。

范某卓与张某全和顺峰公司于2009年4月27日签订了《借款及担保合同》，约定：张某全向原告借款400万元，借款期限为2009年4月27日至2009年6月26日，保证人顺峰公司自愿为被告张某全向原告借款提供连带责任保证……2009年4月27日，时任农行东城支行负责人的朱某华以农行东城支行的名义向原告出具《银行借款保函》，载明：根据范某卓与借款人张某全（顺峰公司）于2009年4月27日签订的编号为借保字20090427第甲1号的借款合同（以下简称主合同），农行东城支行应借款人的要求，特开立以范某卓为受益人，金额不超过人民币400万元的借款保函。农行东城支行保证，在范某卓按主合同的约定向借款人张某全提供贷款后，借款人张某全未按照主合同的约定偿还贷款本金及利息，农行东城支行将在收到范某卓的书面索赔通知和借款人张某全具有上述违约事实的证明材料后，以保函金额为限向范某卓支付贷款本金及利息。本保函自开立之日起生效，有效期至2009年7月26日止，书面索赔通知和有关证明文件必须在上述期限内送达农行东城支行，否则农行东城支行在该保函项下的责任自动解除。借款人按约履行付款义务，保函超过有效期或农行东城支行的担保义务履行完毕，保函即行失效，请将本保函退回农行东城支行注销。该保函在行长栏处由朱某华签字，并由朱某华在银行栏处加盖了其私刻的虚假的农行东城支行的公章后，将该《银行借款保函》交付于范某卓。签订协议当天，范某卓向张某全支付现金40万元，范某卓通过农村商业银行账户向张某全账户转入120万元，另由张某全指定分别转入范某东建行账户90万元、150万元。同日，张某全向范某卓出具收条一张，载明：今收到范某卓人民币现金400万元，大写肆佰万元。2009年7月10日，范某卓向张某全送达了催收通知书，要求张某全立即偿还所欠本金。2009年11月26日，范某卓与张某全、熊某荣签订了《欠款确认及承诺还款函》，约定：2009年4月27日，张某全向范某卓借人民币本金肆佰万元整。迄今尚未归还。张某全对欠款事实、金额予以确认。张某全承诺在2009年12月10日前全额偿还上述欠款。

另查明，中国农业银行重庆东城支行于2009年9月1日更名为中国农业银行股份有限公司重庆永川东城支行，属中国农业银行股份有限公司重庆永川支行的二级支行。农行东城支行营业执照上公示的经营范围为办理人民币存款、贷款、结算；办理票据贴现；代理收付款项；经中国银行业监督管理部门批准的其他业务。农行东城支行无权限办理个人经济行为提供担保的融资性保函业务。农行东城支行无行政公章，重庆市永川区公安局也未审批制作农行东城支行公章，该支行行政公章系朱某华于2009年2月伙同他人在外私刻的印章。

[审理结果]

一审法院认为，被告张某全向范某卓借款，并由张某全、范某卓及担保人顺峰公司签订《借款及担保合同》，范某卓依照借款合同向张某全或张某全指定的收款人支付了借款400万元，张某全也出具了收条，双方的借款关系成立，该借款合同系双方真实意思表示，并不违背国家法律法规的强制性规定，合法有效，对双方当事人均有法律约束力。张某全借款后未按照合同约定的时间还款，应当承担还款的民事责任。

《担保法》第十条规定，企业法人的分支机构、职能部门不得为保证人。企业法人的分支机构有法人书面授权的，可以在授权范围内提供保证。《最高人民法院关于适用〈中华人民共和国担保法〉若干问题的解释》（以下简称《担保法司法解释》）第十七条规定，企业法人的分支机构未经法人书面授权提供保证的，保证合同无效，因此给债权人造成损失的，应当根据《担保法》第五条第二款的规定处理。农行永川东城支行系农行永川支行的二级支行，系企业法人的分支机构，其负责人朱某华未经法人书面授权，向范某卓出具保函，并加盖其私刻的虚假的农行永川东城支行的公章，现农行永川支行并未予以追认，该保函应属无效。合同无效，自始无效，对双方当事人均无法律约束力，有过错的一方应当赔偿对方因此所产生的损失。《担保法司法解释》第七条规定，主合同有效而担保合同无效，债权人无过错的，担保人与债务人对主合同债权人的经济损失，承担连带赔偿责任；债权人、担保人有过错的，担保人承担民事责任的部分，不应超过债务人不能清偿部分的二分之一。按照上述规定，在担保合同无效的情形下，担保人承担损失赔偿责任的前提是农行永川东城支行对债权人的损失存在过错及其损失与农行永川东城支行的行为存在因果关系。本案中，农行永川东城支行的营业执照对外公示其无权办理为个人经济行为提供担保的融资性保函业务，范某卓在应该知道农行永川东城支行在未得到农行永川支行授权的情况下无权为张某全的借款提供担保的情况下，仍接受农行永川东城支行出具的无效《银行借款保函》。在《银行借款保函》上加盖的农行永川东城支行的公章系朱某华个人私刻的公章，并非农行永川东城支行的行为。而范某卓对农行永川东城支行的业务范围未尽到足够的审慎和注意义务，对该《银行借款保函》的无效亦存在过错。且范某卓也未在保函约定的保证期间向农行永川东城支行主张权利，故范某卓的债权不能得到清偿的损失与农行永川东城支行的行为之间无因果关系，其要求农行永川东城支行承担400万元本金及利息的连带赔偿责任没有法律依据，该诉讼请求本院依法不予支持。

综上，判决：被告张某全于本判决生效后10日内偿还原告范某卓借款本金400万元及利息（利息从2009年6月27日起按中国人民银行规定的同期同类贷款基准利率计算，利随本清）；顺峰公司对上述张某全的债务承担连带清偿责任；熊某荣对本判决第一项确定的张某全的借款本金400万元的债务承担连带清偿责任；驳回原告范某卓的其他诉讼请求。

本案宣判后，范某卓对该判决不服，向重庆市高级人民法院提起上诉。二审法院认为：关于农行永川东城支行是否应对张某全的借款本息承担连带赔偿责任的问题，依照《担保法》第十条“企业法人的分支机构、职能部门不得为保证人。企业法人的分支机构有法人书面授权的，可以在授权范围内提供保证”以及《担保法司法解释》第十七条“企业法人的分支机构未经法人书面授权提供保证的，保证合同无效”之规定，农行永川东城支行系企业法人的分支机构，其负责人朱某华未经法人书面授权，利用私刻的虚假公章向范某卓出具保函，该保函应属无效。《合同法》第五十八条规定：“合同无效或者被撤销后……有过错的一方应当赔偿对方因此所受到的损失，双方都有过错的，应当各自承担相应的责任。”《担保法司法解释》第七条规定：“主合同有效而担保合同无效，债权人无过错的，担保人与债务人对主合同债权人的经济损失，承担连带赔偿责任；债权人、担保人有过错的，担保人承担民事责任的部分，不应超过债务人不能清偿部分的二分之一。”该司法解释条款是针对主合同有效担保合同无效时，无效的损失应如何承担或分担的具体解释，故该司法解释的适用应以界定债权人因担保合同无效所受的损失为前提。依照《合同法》第五十八条的规定，上述司法解释第七条中的“主合同债权人的经济损失”并非指主合同债权人所有的经济损失，而只应是因为担保合同无效给债权人造成的损失。该损失系信赖利益损失，在本案中即债权人信赖担保合同有效所带来的利益却因合同无效而丧失该利益所导致的损失。对信赖利益的赔偿一般不应大于合同有效履行所得的利益。

本案中，《银行借款保函》明确载明，保函有效期至2009年7月26日止，书面索赔通知和有关证明文件必须在上述期限内送达农行永川东城支行，否则该行在该保函项下的责任自动解除。依据查明的事实，当张某全不能依约还款时，范某卓并没有在上述期限内向农行永川东城支行书面索赔，也未将有关证明文件送达给该行。因此，即使《银行借款保函》合法有效，该行的保证责任也已免除，范某卓不能要求农行永川东城支行代为清偿借款本息。换言之，即使担保合同有效也不能给范某卓带来担保利益，所以该利益的丧失并非担保合同无效所导致的信赖利益损失。故其请求农行永川东城支行对张某全未能偿还的借款本息予以赔偿，缺乏依据。如果允许其就此向农行永川东城支行进行追偿，无异于是将农行永川东城支行无过错时范某卓应自行承担的损失转嫁给了对方，使范某卓在合同无效时所取得的利益超出了合同有效时的利益，明显超出了无效损失赔偿之合理范围。①

① 因本文仅讨论农行永川东城支行的担保责任问题，故对二审文书仅截取引用针对该问题阐述部分。

［评析］

保证合同无效情形下因果关系对民事责任构成的影响

——兼论《担保法司法解释》第七条的理解与适用

本案审理中，各方当事人对于借款合同以及除保函外的其他担保合同争议不大，本案主要争议的焦点问题是：主合同有效而担保合同无效，债权人、担保人有过错的，债权人能否超过保证期间向担保人主张承担民事责任。

一种观点认为，保证合同无效，保证合同中对保证期间的约定也丧失法律效力，故该约定不能约束各方当事人。因本案保函担保的双方当事人对合同无效均有过错，根据《担保法司法解释》第七条“主合同有效而担保合同无效，债权人、担保人有过错的，担保人承担民事责任的部分，不应超过债务人不能清偿部分的二分之一”的规定，本案中担保人应在债务人不能清偿部分的二分之一以内承担赔偿责任。

另一种观点认为，虽然保证期间的约定随着保证合同的无效而失去效力，但是原则上合同当事人基于合同无效的责任不应当高于合同有效的责任。本案中，即使保证合同有效，债权人未在约定的保证期间内向保证人主张保证责任，保证人的保证责任已经免除，现保证合同无效，从公平性、合理性考虑，保证人不应再承担赔偿责任。

笔者赞同第二种观点。

保证合同的成立、生效应符合法律规定的要件，合同主体须具备完全民事行为能力。《担保法》第十条规定：“企业法人的分支机构、职能部门不得为保证人。企业法人的分支机构有法人书面授权的，可以在授权范围内提供保证。”《担保法司法解释》第十七条规定：“企业法人的分支机构未经法人书面授权提供保证的，保证合同无效。因此给债权人造成的损失，应当根据担保法第五条第二款的规定处理。”本案中，作为二级支行的农行永川东城支行在未取得其法人的书面授权，事后也未被追认的情况下，其向债权人出具的银行保函形式的担保合同无效，自始不发生约定的合同效力。

一、主合同有效而保证合同无效的，保证人承担民事责任的性质

德国法学家耶林曾说："所谓契约无效者，仅指不发生履行效力，非谓不发生任何效力。"保证合同被依法确认无效，自始不发生当事人所预期的担保债权实现的法律后果，即保证人不再承担双方约定的保证责任，但并非不发生任何法律后果。保证合同无效作为一种法律事实，基于法律的规定，当事人之间形成了新的法律关系，产生新的法律责任，这在理论界和司法实务界并无异议。

对于责任的性质，存在"缔约过失责任说"和"区分说"两种学说。

"缔约过失责任说"是指在合同订立过程中，一方因违背其依据诚实信用原则所应尽的义务，致另一方的信赖利益损失，应承担民事责任。①缔约过失责任的提出者德国法学家耶林认为：从事契约缔结的人应承担的首要任务系于缔约时须善尽必要的注意，法律所保护的并非仅是一个业已存在的契约，正在发生中的契约关系亦应包括在内。当事人因自己过失致使契约不成立者，对信赖其契约有效而成立的相对人应赔偿基于此项信赖而产生的损害。王泽鉴先生认为，"于缔结契约磋商行为之际，因过失致相对人遭受损失时，应负损害赔偿责任，纵缔约未成立亦然。"② 史尚宽先生认为，"契约因不能之给付标的而无效者，当事人于订约因过失时，知其不能或可得而知者，对于非过失而信契约有效受损害之他方当事人，负赔偿责任。如他方当事人已知其不能之事实，或因过失而不知，则因过失抵销之原则，可不负责任。"③我国《合同法》第四十二条也予以明确规定。

"区分说"是指按照导致保证合同无效的不同原因，对保证人应承担的赔偿责任的性质加以正确区分：主合同无效导致保证合同无效，保证人因有过错承担民事赔偿责任的，归为侵权责任；主合同有效而保证合同无效的情况下，如果债权人无过错，则保证人应承担的民事赔偿责任的性质为侵权责任，如果债权人有过错，则保证人应承担的民事赔偿责任的性质

① 王利明、崔建远：《合同法新论·总则》，中国政法大学出版社2000年版，第171页。

② 王泽鉴：《民法学说与判例研究（六）》，中国政法大学出版社2003年版，第8页。

③ 史尚宽：《债法总论》，中国政法大学出版社2000年版，第489页。

为缔约过失责任。①

两种理论虽有差异，但对于本案的认定却并无不同。农行永川东城支行在出具保函之际便明确其无权办理为个人经济行为提供担保的融资性保函业务，但并未告知债权人，主观上存在过错；范某卓对农行永川东城支行的业务范围未尽到足够的审慎和注意义务，同时，“企业法人的分支机构未经法人书面授权提供保证的，将导致保证合同无效”也系法律的明确规定，范某卓在应该知道农行永川东城支行无权为张某全的借款提供担保的情况下，仍接受农行永川东城支行出具的无效《银行借款保函》，亦存在过错。故本案债权人、保证人均有过错，债权人主张保证人承担的赔偿责任应属缔约过失责任。

二、缔约过失责任的构成要件及赔偿范围

缔约过失责任是侵权责任向合同领域的扩张，其在法律构成的本质上与侵权责任的赔偿要件相接近。

（一）在缔约过程中，一方当事人违反了先合同义务

在缔约阶段，当事人依据诚实信用原则应负有诚实、忠实、保密等法定义务，对该义务的违反便导致赔偿责任的产生。

（二）客观上存在违反诚信义务的过失

《民法通则》第六十一条规定：“民事行为被确认为无效或者被撤销后，当事人因该行为取得的财产，应当返还给受损失的一方。有过错的一方应当赔偿对方因此所受的损失，双方都有过错的，应当各自承担相应的责任。”《担保法》第五条第二款规定：“担保合同被确认无效后，债务人、担保人、债权人有过错的，应当根据其过错各自承担相应的民事责任。”可见，在保证合同无效的情况下，保证人承担责任的归责原则是过错责任原则，保证人只对其自身过错行为承担责任，无过错则不承担责任。

（三）造成了另一方信赖利益的损失

所谓信赖利益的损失，主要指一方实施某种行为后，另一方对此产生了信赖，并因此而支付了一定的费用，因一方违反诚实信用原则致使该费用不能得到补偿，即所谓的信赖利益的损失。信赖利益与债权人就合同履行时所获得的履行利益或积极利益是不同的。信赖利益赔偿的结果是使

① 程啸：《保证合同研究》，法律出版社2006年版，第194～197页。

当事人达到合同未曾发生时的状态而非合同完全履行时的状态。

关于信赖利益的赔偿范围，我国信赖利益损失赔偿宗旨是补偿信赖方因为过错方的缔约过失行为而付出的各种合理费用，使当事人恢复到合同订立前的状态。故信赖利益的赔偿范围只能是债权人相信保证合同有效但实际上却无效所受的损失。在订立保证合同的情况下，具体表现为：（1）缔约费用；（2）准备接受保证人承担保证责任所支出的合理费用；（3）债权人要支出上述费用所失去的利息；（4）丧失得到合格保证人的机会所遭受的损失。前三项作为直接损失可以通过当事人的举证直接进行认定，第四项的间接损失的认定是对赔偿范围诸多理论争议的症结所在。无论“代债务人还本而不付息说”“代债务人付息而不还本说”“代债务人还本付息说”等学说在结果上与上述第四项间接损失在不同情况下都有重合之处，笔者认为缔约过失责任作为横亘在违约责任与侵权责任之间的责任形式，从尽量大范围地保护诚实信用一方可预期利益和鼓励交易、保护交易安全的角度来看，将第四项包括进来符合商事法律的本质追求，并无权利滥用和牵强之处。

（四）债权人的损失与保证人的过错行为之间存在因果关系

因果关系是民事赔偿责任的客观基础，只有在行为与损害结果之间存在因果关系时，赔偿责任才有被认定的前提和可能。在保证合同无效的情况下，导致债权人损失的原因存在多种可能，只有是由于保证人的过错行为与债权人的损失存在因果关系时，保证人才对这种损失负有赔偿责任。

本案中债权人主张保证人承担赔偿责任，根据已查明的事实，认定保证人承担赔偿责任的前三个要件已成立无疑，但是否存在因果关系产生重大分歧，有待探讨。结合上文对信赖利益包括“丧失得到合格保证人的机会所遭受的损失”的观点，理论上合同无效的期待利益不能超过合同得到完全履行时的利益，但是对于主合同不能清偿部分，确实存在因未得到合格保证而遭受了损失，故在该情况下认定因果关系存在是合理的。但本案另查明一重要事实：债权人并未在约定或法定的保证期间内向保证人主张保证责任或赔偿责任。保证的目的在于保障主债权之安全与实现，其本身只是增加交易安全，并不增加交易价值，保证合同不能使债权人的现存利益增加。故即使保证合同成立生效、保证利益有效存在的情况下，债权人若未在保证期间内向保证人主张权利，已视为债权人对保证利益的放弃，主债务能否得到全部履行与保证利益已无因果关系，此外，原则上当事人基于合同无效的责任不应当高于合同有效的责任。因此，依据公平原则，在主合同有效而担保合同无效的情况下，债权人可以预见并期待的利益仅应限制在保证期间内对相关责任的主张。结合本案已经查明的事实，应认定债权人的损失与保证人的过错行为因未在合理的期间内主张而不存在因果关系。

三、关于《担保法司法解释》第七条的理解与适用

《担保法司法解释》第七条规定，主合同有效而担保合同无效，债权人、担保人有过错的，担保人承担民事责任的部分，不应超过债务人不能清偿部分的二分之一。依据此规定，只要在担保人有过错情况下就应该承担不超过债务人不能清偿部分的二分之一的赔偿责任。但是从请求权基础的角度出发，损害与行为的因果关系是缔约过失责任的前提，故上述司法解释的规定应理解为在损失与担保人过错行为存在因果关系的前提下，担保人承担不超过债务人不能清偿部分的二分之一的赔偿责任。

因此，在主合同有效而担保合同无效的情况下，债权人在保证期间之外向担保人主张承担民事责任的，因超过保证期间，债权人对保证人已无期待利益，此时债权人不能清偿的损失与保证人的无效保证无因果关系，故保证人不应承担赔偿责任。

申请人南靖县南冠机械工业有限公司与被申请人福建省维德科技有限公司实现担保物权案

黄志雄*

[裁判要旨]

实现担保物权特别程序具有非讼性，只要具备担保的债权确定，抵押登记和担保物权实现条件成就的证明材料齐备，即可裁定对抵押财产进行拍卖或变卖。不符合法律规定的，则裁定驳回申请。

[案情简介]

申请人：南靖县南冠机械工业有限公司（以下简称南冠公司）。

被申请人：福建省维德科技有限公司（以下简称维德公司）。

2011年4月9日，申请人南冠公司与中国工商银行南靖支行签订一份《最高额保证合同》，由申请人南冠公司为被申请人维德公司向中国工商银行南靖支行的借款提供连带责任保证。借款期限届满后，被申请人维德公司没有偿还借款，由申请人代为偿还借款本息人民币11782250.16元。

2012年12月25日，申请人南冠公司与被申请人维德公司签订一份《抵押合同》约定：维德公司尚欠中国工商银行南靖支行借款本金11782250.16元及利息，已由南冠公司代为偿还，维德公司应于2012年12月27日前偿还南

* 福建省南靖县人民法院法官。

冠公司上述款项，并以其生产机械设备设定抵押，若逾期未清偿，南冠公司有权与维德公司协议以抵押物折价，或者对拍卖、变卖抵押物的价款优先受偿。之后，双方当事人向南靖县工商行政管理局办理了抵押物登记手续。

2013 年 2 月 4 日，因维德公司逾期未还款，南冠公司向法院申请裁定拍卖、变卖维德公司抵押物（四柱油压机等生产机械设备共 52 台），以实现担保物权。

［审理结果］

南靖县人民法院经审理认为，申请人南冠公司与被申请人维德公司对抵押权设定意思表示真实，并向南靖县工商行政管理局抵押登记，且该设备没有设定其他在先抵押，该抵押合同合法有效。南冠公司有权就抵押设备优先受偿。依照《民事诉讼法》第一百九十六条、第一百九十七条的规定，裁定：准许拍卖、变卖被申请人维德公司抵押的四柱油压机等生产机械设备 52 台，申请人南冠公司对变价后所得价款在人民币 11782250. 16 元的范围内优先受偿。

［评析］

新《民事诉讼法》实现担保物权程序的适用

本案是适用新《民事诉讼法》第一百九十六条、第一百九十七条等规定，对实现担保物权案件进行裁定的。但上述规定对人民法院审理该类案件的裁决标准、如何审查、救济途径等问题并未进一步明确。笔者根据立法的本意并结合审判实践，对如何理解和适用该程序，提出应注意的几个问题：

一、关于实现担保物权的申请主体

新《民事诉讼法》第一百九十六条规定：“申请实现担保物权，由担保物权人以及其他有权请求实现担保物权的人依照物权法等法律，向担保财产所在地或者担保物权登记地基层人民法院提出。”由此可见，实现担保物权案件的申请主体有两种：一是担保物权人；二是其他有权请求实现担保物权的人。实践中，“担保物权人”和“其他有权请求实现担保物权的人”具体包括哪些呢？

笔者认为，《民事诉讼法》的上

述规定，仅是对《物权法》等实体法中规定的实体权利的实现而作出的程序性规定，该程序规定的依据来源于实体法，应当按照实体法的规定来确定实现担保物权的申请主体。因此，对于实现担保物权的申请主体应暂以《物权法》的规定为准，不宜作扩大性的解释。根据我国《物权法》相关规定，有权向人民法院申请实现担保物权的主体仅限于“抵押权人”“出质人”和“财产被留置的债务人”。新《民事诉讼法》第一百九十六条规定的“担保物权人”主要就是指《物权法》第一百九十五条规定的“抵押权人”。《物权法》第二百二十条规定的“出质人”，《物权法》第二百三十七条规定的“财产被留置的债务人”就是“其他有权请求实现担保物权的人”。

此外，申请实现担保物权不仅仅以《物权法》为依据，根据新《民事诉讼法》立法本意，除了《物权法》规定的三类申请主体外，我国《合同法》第二百八十六条规定的建设工程承包人也可以作为申请主体。另外，我国《海商法》《民用航空器法》等法律中规定的船舶抵押权人、民用航空器抵押权人等，也可以作为实现担保物权案件的申请人。

二、关于实现担保物权案件的管辖法院

实现担保物权案件的管辖法院，新《民事诉讼法》兼采两种地域管辖的标准。新《民事诉讼法》第一百九十六条规定：“申请实现担保物权，由担保物权人以及其他有权请求实现担保物权的人……向担保财产所在地或者担保物权登记地基层人民法院提出。”申请实现担保物权，由申请主体向“担保财产所在地”或者“担保物权登记地”基层人民法院提出。实践中，对于管辖法院应当注意以下几个方面：第一，对于担保物为多个物且分散在数个法院辖区内的，如何确定管辖。笔者认为，应当根据《民事诉讼法》的现有规定确定管辖法院，即如果各个法院都有管辖权的，申请人可以选择向其中一个有管辖权的法院提出申请。如果申请主体同时向几个有管辖权的法院提出申请的，应当由首先立案的法院行使管辖权。第二，实现担保物权的管辖不以标的额大小确定管辖级别。该条规定由基层人民法院管辖，也就直接排除了以标的额大小区分级别管辖。这与其他普通案件以标的额大小划分级别管辖不同。第三，实现担保物权案件，虽然由基层人民法院管辖，但依

照特别法指引，由特定法院管辖的担保物权案件，不应由基层人民法院管辖，比如依法应当由海事法院管辖的船舶抵押权等实现担保物权的案件。

三、关于裁定实现担保物权案件的要件

首先，是实质要件。新《民事诉讼法》第一百九十七条规定："人民法院受理申请后，经审查，符合法律规定的，裁定拍卖、变卖担保财产……"实践中，如何掌握好"符合法律规定"这个实质要件，笔者认为，必须牢牢把握住几个条件：第一，担保物权合同约定的履行期限已届满；第二，主合同约定的债权尚未履行或者部分未履行；第三，约定的担保物已向有关登记机关登记抵押，并不存在对抗第三人的情形。

其次，是形式要件，即申请主体提交证明担保物权成立的证明文件。笔者认为，这些文件应当包括主合同、担保物权合同、抵押权登记证明或者他项权利证书或者出质登记证明、能够证明债务已超清偿期等实现担保物权条件成就的有关证据材料，以及人民法院认为需要提交的申请主体身份事项等其他材料。

四、关于实现担保物权案件的审查程序

申请主体向基层人民法院提交了证明实现担保物权的材料后，人民法院应当如何审查，法律没有规定。笔者认为，这应当根据案件的具体情况，把握好以下两个方面：

（一）是否需要举行听证

申请主体提交了能够证明担保的债务已经届满等实质性证据后，人民法院必要时可以依职权调查相关事实并询问相关当事人。通过举行听证会，申请主体出示相关材料，让被申请人质证，以确定实现担保物权的证据，如与本案相关联，则能够证明本案相关事实；通过询问当事人案件情况，能够查明实现担保物权未履行金额、担保物的现状等情况。经审查符合法律规定的，人民法院即可裁定对抵押财产进行拍卖或变卖；不符合法律规定的，则驳回实现担保物权申请人的申请。依据新《民事诉讼法》第一百九十七条的规定，申请被驳回的，当事人可以向人民法院提起诉讼。

（二）审查程序适用

关于人民法院审查申请实现担保物权的案件是独任审理还是组成合议庭审理问题，笔者认为，基于实现担保物权案件设在新《民事诉讼法》

第十五章特别程序中，对于第十五章中的“一般性的规定”当然适用该程序。新《民事诉讼法》第一百七十八条规定：“依照本章程序审理的案件，实行一审终审。选民资格案件或者重大、疑难的案件，由审判员组成合议庭审理；其他案件由审判员一人独任审理。”因此，对于人民法院受理的申请实现担保物权的案件，原则上采用独任审理的方式进行审理，但对于重大、疑难案件，则应当由审判员组成合议庭进行审理。

五、关于执行实现担保物权案件中是否需要发出执行通知书

实现担保物权案件的裁定生效后，申请主体向有管辖权的基层人民法院提出执行申请后，执行法院是否需要向被申请人发出执行通知，对此有两种观点：一种观点认为，实现担保物权案件已经就实现债权的担保物裁定拍卖或变卖了，这种实质性裁定，已经直接进入执行程序中的拍卖或变卖了，不必要再回到“原点”，从发执行通知书开始启动执行程序。另一种观点认为，依照新《民事诉讼法》第二百二十四条规定，“发生法律效力的民事判决、裁定，以及刑事判决、裁定中的财产部分，由第一审人民法院或者与第一审人民法院同级的被执行的财产所在地人民法院执行”，说明生效裁定可以作为执行依据，申请主体可以向人民法院申请执行。另外，新《民事诉讼法》第二百四十条规定：“执行员接到申请执行书或者移交执行书，应当向被执行人发出执行通知，并可以立即采取强制执行措施。”这说明，人民法院执行员接到申请人提交的申请执行书后，有义务向被执行人发出执行通知书。这样不仅符合法律程序，也给被执行人一个自动履行的救济机会与途径。笔者赞成这种观点，如同生效判决一样，判决书已判定履行义务人在判决生效后一定期限内向债权人履行义务，但债务人没有履行而进入执行程序，这时人民法院执行员接到执行申请后，依然要向债务人发出执行通知书，限定债务人在某个期限内自动履行。因此，不能因为裁决文书已确定了履行义务并进入了强制执行程序，而忽视了执行通知的必经程序。

六、关于执行实现担保物权案件中的执行异议救济

执行过程中，如果被申请人提出异议，人民法院又应如何处理？对此，有两种意见：一种意见认为，只要被申请人提出异议，人民法院就应该裁定驳回申请；另一种意见认为，对于被申请人提出异议的，人民法院应该对其异议是否成立进行审查，而不应只要被申请人提出异议就驳回申请。笔者认为，对于被申请人提出异议的，人民法院应该针对实现担保物权是否成立进行实质性审查，不能单单依据被申请人提出的异议就驳回申请人的申请，否则有违新《民事诉讼法》设立该程序的目的。经审查，被申请人的异议确实成立的，应当经合议庭评议后，以发现生效裁定错误为由，由本院院长决定提交审判委员会讨论是否撤销。

七、关于担保物不足清偿债务时的救济途径

在执行实现担保物权过程中，由于担保物被人民法院拍卖或变卖后，不足以清偿申请执行标的额，对于不足部分如何处理？比如申请主体申请执行标的额为1000万元，结果担保物被拍卖或变卖后，仅清偿了800万元，对于未偿还的200万元，是由人民法院继续执行被申请主体的其他财产，还是申请主体通过另行诉讼后再进入执行程序？对此，有两种对立的观点：一种观点认为，由执行法院直接裁定执行被执行人其他可供执行的财产，有利于提高执行效率，减少当事人诉累。另一种观点认为，受生效裁定文书确定性的限制，以及实现担保物权标的物的特定性，人民法院不宜直接裁定执行其他可供执行的财产。对于不足清偿债权部分，需要通过诉讼程序解决，形成新的执行依据后，由债权人向人民法院申请执行。笔者认为，第一种观点违背了裁判确定性和既定性原则，扩大了执行范围，因而不妥。在缺乏新执行依据的前提下，不能为了提高执行效率、减少当事人的负担，而置当事人合法权益而不顾，直接扩张实现担保物权裁定的执行范围。

八、关于申请实现担保物权案件如何收费

由于实现担保物权案件是此次《民事诉讼法》修改后新增内容，现行的《诉讼费用交纳办法》对如何收费并未有明确规定，那么实践中应当如何收费呢？笔者认为，实现担保物权的案件增设在新《民事诉讼法》第十五章特别程序中，应当参照《诉讼费用交纳办法》的相关规定按件收取申请费，而不应以申请实现抵押物权标的额为依据收取。人民法院作出拍卖、变卖担保物的裁定后，申请人向人民法院申请强制执行的，则应按执行金额收取执行申请费，并由被执行人负担。

[商事审判调研]

贯彻商事裁判理念　提升商事审判品质

江苏省高级人民法院

2010年以来，江苏全省法院商事审判工作深入贯彻全国法院商事审判工作会议精神，牢固树立商事裁判理念，充分发挥商事审判职能作用，在合同、金融、票据、公司、破产等审判领域维护交易秩序，为商主体确立市场行为准则，公平保护各类市场主体合法权益，有效化解经济发展中的各类矛盾，取得一定成绩。

一、树立商事裁判理念，把握商事审判规律

我们认为，商事审判工作的健康发展，取决于商事审判工作定位是否准确，特色是否鲜明，职能是否清晰，取决于能否认识并遵循商事审判客观规律。

（一）始终把维护市场诚信作为审判各类商事纠纷案件的基本理念

在价值判断上，旗帜鲜明地保护商主体通过正当竞争手段和合法投资途径获取的经济利益，树立制裁失信者的价值判断标准；在利益权衡上，重视审判结果的经济合理性，充分合理补偿守约方损失，不轻易判决继续履行。

（二）始终把促进交易便捷作为把握各类商事纠纷案件审理程序的基本理念

能够通过各类证据综合判断得出结论的，不轻易启动审计鉴定程序；能够通过举证责任分配方法穷尽证据的，不轻易依职权调查；能够通过二审程序查

清事实的，不发回重审增加当事人讼累，尽可能压缩当事人时间成本。

（三）始终把尊重商主体营业自由作为审判合同纠纷、公司内部治理纠纷的基本理念

充分尊重当事人的合同自由权利和公司自治权利，维护交易的稳定性，谨慎介入市场主体的自治领域，不以司法判断取代商业判断；不轻易否定市场经济发展过程中出现的新类型合同以及传统类型合同中新型条款的效力；慎重适用情势变更原则，在维护公平的同时，防止当事人转嫁正常的商业风险；慎重调整违约金，实现合同法制裁失信和欺诈行为的制度功能；尊重公司章程效力和股东之间内部约定，维护公司的团体性和稳定性。

（四）始终把维护商事交易安全作为审判票据纠纷案件、担保物权纠纷案件的基本理念

以坚持票据无因性、文义性为立足点，保障票据市场的顺畅流通，维护金融交易秩序；以坚持物权法定原则、公示公信原则为立足点，保障市场主体对担保物权效力的合理期待，维护动产交易安全，增强商主体市场安全感。

二、凸显商事审判特色，强化商事审判效果

我们认为，动产交易、资金融通、企业治理是商事审判发挥职能作用的重点领域，是商事审判凸显鲜明特色的舞台。商事审判必须在这些领域有所作为，才能更加有效凸显角色地位，加快商事审判自身发展。尤其是审判职能的适当延伸，应当以丰富法院应对复杂问题、解决突出矛盾的手段为目的。

（一）加强机制建设，提升专业化执法水平

2011 年以来，江苏省无锡市中级人民法院、宜兴市人民法院、常熟市人民法院等相继设立金融审判庭，各市中级法院民二庭设有破产专业合议庭，聚集有较为丰富金融、破产审判经验法官力量，有效提升法院审理金融、破产案件的质量和效率。

（二）适当延伸审判职能，强化商事审判社会效果

2012 年，起草了《关于当前宏观经济形势下涉诉矛盾突出问题的调查报告》，对当前审判领域中反映出来的金融乱象及其应对措施和建议进行深入分析，从加强对非传统金融服务机构的监管、加强对商业银行信贷法律风险的控制、加强对民间借贷风险预警、完善物权担保登记制度、推行破产企业职工欠

薪政府先行垫资制度等方面提出了具体建议。省委省政府主要领导先后作出批示，对调研报告进行充分肯定并要求省有关部门就报告所提各项建议研究落实。目前，江苏省部分县市已经逐步建立破产欠薪垫资制度，为法院审理破产案件解决了重大后顾之忧。

（三）推进破产重整，扩大商事审判影响力

制定规范性指导意见推动重整制度贯彻实施，从重整程序的适用范围、营业事务管理、草案编制、计划批准等方面细化指导，增强重整程序可操作性。2010年以来，全省共计受理了40件重整案件。在已经审结的12件案件中，重整计划得到批准、重整程序顺利终结的有10件。经过我们的不断推动，越来越多地区的党委政府认识到重整程序的价值和意义，支持帮助法院顺利推进重整程序的力度显著增强，通过推进重整程序，商事审判工作发展获得了重要突破口，社会影响力显著增强。2013年上半年，全省法院共计受理了24件重整案件，占破产案件总量的13.7%，重整案件占破产案件比例不断上升。

三、加强审判调研指导，破解商事审判难题

我们认为，在遇到商事审判职责范围内的普遍问题、突出问题时，不畏难、不推诿，肩负起、履行好法律赋予我们的工作职责，全力化解区域经济发展中的突出矛盾、解决阻碍中心工作顺利推进的司法难题，就是服务大局。

（一）全力推动破产案件的受理

我们始终认识到，破产案件审判工作，是人民法院化解社会矛盾、维护社会稳定、推动诚信建设的重要途径。充分发挥审判监督指导职能，不断创新工作机制，促使江苏省法院破产案件审判工作不断迈上新台阶。一是树立正确指导思想，推动各级法院积极受理破产申请。我们充分领会最高人民法院通过一系列司法解释确立的规范市场主体退出秩序的破产审判工作指导思想，努力推动商事审判法官转变观念，依法受理符合条件的破产申请。二是加强审判监督指导，提升破产程序的可操作性。我们制定了《关于审理破产案件若干问题会议纪要》《破产案件审理指南》等规范性文件，从强制执行制度与破产制度之间关系协调、外部环境优化、法院内部人力资源整合等多方面提出应对措施。三是建立机制，清除企业市场退出机制中存在的各种障碍。建立了管理人报酬基金制度，解决了无产可破案件中管理人报酬不足的问题；参照执行异议程序建立了程序性裁定制度，规范了破产债权申报与核查行为。2013 年上半年，全省共计受理 175 件破产案件，已经接近去年全年数量。

（二）推进保险诉调对接机制

保险合同纠纷是近年来迅速上升的商事案件类型，矛盾突出、调解率低、容易酿成上访事件。2012 年全省受理案件量达到 11400 余件。江苏省是最高人民法院和中国保监会共同确定的全国首批保险纠纷诉调对接全辖区试点省份。我们从 2010 年开始，积极推进保险纠纷诉调对接机制。与江苏省保监局联合制定《关于加强保险纠纷案件诉调对接工作机制建设的意见》以及实施办法，明确工作平台、工作方式、工作机制。建立健全调解员选聘制度，与保险行业协会联合选聘调解员承担诉调对接工作任务，为投保人建立了第一时间、第一现场的保险理赔纠纷解决机制，实现了纠纷解决的便利、高效、低成本。2013 年 1 月至 5 月，全省法院向各地保险协会委托调解 2475 件，调解成功 2007 件，缓解了法院人案矛盾，促进了保险行业规范运行。

（三）统一公司诉讼案件裁判标准

江苏省是开展公司诉讼案件审判工作较早的省份。2012 年仅股东知情权、股东会决议效力确认、公司解散等股东权纠纷即达 2225 件。为了统一辖区裁判尺度，我们注重以典型案例方式指导全省审判实践。通过林方清诉常熟市凯莱实业有限公司、戴小明公司解散纠纷案，明确公司经营管理发生严重困难与企业仍处于赢利状态之间的关系，进一步明确了《公司法》第一百八十三条的适用标准；通过徐工集团工程机械股份有限公司诉成都川交工贸有限责任公司等买卖合同纠纷案，明确了关联企业之间法人资格混同认定标准，进一步拓展了《公司法》第二十条的适用范围。上述两篇案例分别入选最高人民法院颁布的第二批和第四批指导性案例。同时，我们还通过一系列公司诉讼典型案例，明确了有限公司股权收购与资本维持原则的关系、有限公司股东会决议成立的认定标准、隐名股东请求变更为显名股东的成立条件等，不断深化商事审判介入公司治理的有效性。

（四）统一票据案件裁判标准

近年来，通过买卖票据融资的现象大量出现，以票据非背书转让方式进行的民间借贷规模很大。部分当事人在向后手实际交付票据履行款项交付义务后，由于后手资金链断裂，因交付票据后未能收回资金而恶意申请公示催告的案件日益增加，票据纠纷案件大幅度上升。针对这一问题，我们从维护票据市场稳定角度出发，一是要求公示催告期间延长至票据到期日后一个月，防止票据出卖人通过恶意申请公示催告程序损害正当持票人的合法利益；谎称票据被盗、遗失或灭失恶意申请公示催告导致法院作出除权判决的，持票人可以票据侵权为由要求恶意申请公示催告人承担损害赔偿责任，不得对除权判决申请再审。二是坚持票据无因性，区分票据行为所依托的基础关系与票据关系，即票据行为所依托的基础法律关系违反法律强制性规定而被认定无效，也不应当影响以票据方式所进行的资金交付行为效力。三是坚持票据文义性。针对大量票据流转过程中基本上不采取背书方式而直接交付、相关当事人提出持票人需要证明其属于通过正常商品交易关系获得票据的主张，我们要求将举证责任分配给提出该主张的当事人，持票人的票据权利来源于背书，无需自证其权利来源。

（五）统一表见代理认定标准

涉建设工程的买卖、借款、租赁合同纠纷中的表见代理，是商事审判业务中一个长期的难点。针对当前涉及建筑市场的买卖、租赁、借款合同大幅度上升情况，我们将表见代理认定标准作为重点调研课题，提出以下标准：表见代理制度是无权代理前提下的特殊情形，是合同相对性原则的例外情形，无限扩张表见代理制度的适用范围，把特殊情形演化为一般情形，将对合同相对性原则造成损害，也不完全符合各方主体对现阶段建筑市场项目经理、实际施工人身份地位实际状况的认知。对此，应当从严把握。在具体案件中应从以下四个方面进行判断：首先，看行为人在与相对人缔约时是否以被代理人名义进行；其次，看行为人在以被代理人名义缔约时，相对人对其身份认知的合理性；再次，看标的物性质以及行为人与相对人履约情况；最后，考虑过错责任原则的适用。

（六）统一涉担保物权纠纷裁判标准

针对近年来金融纠纷大幅度上升、涉钢贸市场案件中担保物权效力认定问题增多的情况，我们就保证金性质认定、共同担保中的追偿权、破产程序中以房屋预售登记为表现形式的让与担保等问题开展调研。明确以保证金账户设定非典型担保的效力；明确人保和第三人提供的物保并存的情况下，保证人承担保证责任后，有权向提供物保的当事人追偿相应份额，并认定该追偿权为担保物权的代位追偿权；明确破产程序中以房屋预售登记为表现形式的让与担保的非典型担保效力，同时结合《合同法》第五十二条、第五十四条规定，对约定房款时价格显著低于市场价的，应当考虑是否存在恶意串通损害第三人利益的情形，如果证据不足以认定恶意串通，对于约定的房价显著低于市场价、债务人以显失公平请求变更的，应予准许；明确预售登记的效力与物权登记类似，但在本质上不同于物权登记，仅是设定物权的请求权，在破产程序中，管理人可以根据破产企业实际情况，选择解除房屋销售合同。

四、锻造商事审判队伍，提升商事审判品质

我们对商事审判工作始终坚持高标准定位，要求商事案件庭审、文书等各方面水准应当在各审判业务庭中居于领先地位，要求法官必须具备更多的金融、财会知识，知悉商业惯例，了解商业行为背后蕴藏的利益博弈与经济机理。

（一）强化技能培训

组织制定并向全省商事条线下发《商事审判规范化指引》，从庭审步骤、用语规范、作风态度乃至法槌使用等各方面明确庭审规范，从文书结构、首部规范、证据分析、事实表述、说理顺序、法条援引直至数字、序号、标点符号运用等方面明确文书规范要求。制定《庭审操作指南》和《文书制作指南》。在《庭审操作指南》中，从庭审功能的理解入手，就庭审理念思路、庭审态度作风、结构把握方法、争点归纳技巧、举证责任分配、心理研判应对等方面，从更深层次为全省商事审判法官提出方向性要求和技术性引导；在《文书制作指南》中，明确裁判文书写作中的刚性要求，从要件裁判方法的角度，在文书结构、逻辑和修辞三个方面，针对争点性质不同的案件，就事实叙述方式、证据罗列分析、法条援引逻辑等问题，提出方向性和技术性要求。

（二）强化业务学习

致力于打造学习型业务庭，安排合议庭轮值业务学习活动。坚持由各合议庭轮流汇报、讲解新颁布的法律法规、司法解释以及最高人民法院颁布的指导性案例、《商事审判指导》刊载的商事审判案例，增强集体学习的针对性与实效性，强化法律思维的养成。坚持学习庭领导推荐文章活动。每周由庭领导推荐案件审理当中矛盾突出集中的相关领域文章并通过广域网发至全省商事审判庭，定期召开讨论会，就理论界的观点和实践中存在的问题进行深入对比剖析，提出意见。

我们将全力落实习近平总书记提出的“努力让人民群众在每一个司法案件中都感受到公平正义”的工作目标，以解决商事审判面临的普遍、重点、疑难问题为重点，改进审判管理方式，精心审理各类案件，深入开展调查研究，扎实推进业务指导，强化审判队伍建设，全力提升商事审判工作水平和司法公信力。

探索构建科学审判管理模式
积极应对商事审判发展变化

北京市朝阳区人民法院

朝阳区位于北京市东部，区域面积470.8平方公里，常住人口374万人，是首都面积最大、人口最多、经济往来最为活跃的城区，承载着“国家交往的重要窗口、中国与世界经济联系的重要节点，对外服务业发达地区，现代体育文化中心和高新技术产业基地”的功能定位。区域内，商事主体云集，汇集了首都约80%的国际组织、国际商会，约70%的国际金融机构及世界500强企业；商事活动频繁，2012年实现地区生产总值3627.7亿元、区级财政收入348.6亿元，居北京市十六区县首位，其中以批发与零售、运输、金融、租赁与商务服务等为主体内容的第三产业对GDP的贡献率高达89.2%。正是在这样的经济社会背景下，朝阳法院的商事审判工作面临着“三个持续增加”的挑战，即商事案件总量持续增加，新型、疑难、具有影响性的商事案件数量持续增加，年轻商事法官数量持续增加。

面临新的工作形势，朝阳法院认真梳理、调研法院系统在审判实践中总结的管理经验，并结合自身商事审判工作的特点加以深化和创新，形成了一套以流程管理、评查管理、绩效管理为核心的商事审判管理新模式，不断提高商事审判工作的质量、效率和效果。

一、推进流程管理的重心下移，减少商事案件剧增带来的系统风险

2009年至2011年的三年间，朝阳法院商事审判庭的年平均收案量为5092件。为增强商事审判工作的规范性，朝阳法院制定出台了《商事案件审理流程规范》，明确了办理商事案件的基本规程和注意事项；在此基础上，为进一步明确岗位职责和内容，又陆续修订出台了《法官工作细则》《法官助理工作细则》《书记员工作细则》，针对不同角色的审判庭人员提出了更加细化的办案流程要求。这些内部规范的施行主要由庭长和副庭长督促管理落实，并且在实践中收到较好的效果。

自2012年开始，朝阳法院商事审判工作的形势发生了较大变化。随着区域内经济活动的愈发频繁，朝阳法院商事审判庭2012年的收案量达7174件，较2011年度收案量4978件上升了44.1%；2013年1月至8月的收案量达7487件，已超过上一年度的收案总量，预计全年收案量将突破万件。与之相对的是，商事审判庭的干警人员现已增加至52人，较之2011年增幅为15.6%。审判任务和队伍结构的变化，使得以往仅以庭长为管理主体、审判管理权高度集中的审判流程管理方式遭遇到管理力量不足、管理落实不够、管理实效欠缺的困境，亟需新的督促管理力量参与进来。

针对这一形势，朝阳法院商事审判庭将审判管理权限合理分解、适度下放，重点将合议庭的职能从单纯的业务审判扩展到一定范围的审判管理，同时将审判员这一业务点也增补为管理点，最终在庭内形成流程管理的“四个层级”，即庭长保留法定职权和全庭重大事项决定权，其他事项均授权副庭长和合议庭审判长进行管理；副庭长在充分尊重合议庭的自主决策和管理基础上，在其分管工作范围内负责全部审判事务的审核和把关；合议庭审判长在其职责范围内对本合议庭审判事务拥有一定的审批权并就审判质量全权负责；审判员负责指导法官助理和书记员的工作。通过层次分明、权责统一的分权管理，朝阳法院商事审判庭增加了管理力量，细化了管理层级，明确了管理职责，改变了以往庭长单打独斗、其他人被动应付的局面，使庭内的业务骨干参与到审判事务管理中来，消解了案件数量大、队伍人员多带来的管理虚化问题，使商事案件办案流程规范得以落到实处。

随着流程管理重心的下移、管理层次的增多，对审判流程管理活动进行服务和支撑的需求凸显出来。为进一步减轻审判人员的工作压力，增强对管理活动的保障功能，朝阳法院商事审判庭在优化庭内组织的设置上下工夫，将全庭工作按照功能划分为组织领导、审判业务、调研宣传和后勤保障“四个模块”；在此基础上设置多个合议庭、调宣组、勤务组等功能性组织，并根据工作需要、岗位角色和人员特点将全体干警纳入不同的庭组。例如，调宣组与院内调研、宣传等综合职能部门保持常态联系，向流程管理主体和案件承办人员发布审判难点问题调研提示、案件舆情提示等信息；勤务组依据《商事审判内勤督促制度规定》，对审限、保全、上诉、归档、文书粘贴等事务性工作进行全程跟踪，定期以口头、书面等多种方式对流程管理主体和案件承办人员进行同步提示。这样，在融合流程管理“四个层级”和支撑保障“四个模块”的基础上，全庭的审判工作呈现出网格功能和全员覆盖的特点，审判管理活动更富有立体型和自主性，管理盲区与死角逐步减少。

二、建立评查管理的常态机制，排查商事审判行为中的疏漏和隐患

案件评查作为倒查自纠的重要方式，为定向审判管理活动提供了有效的方法与手段。为实现评查管理的常态化，朝阳法院商事审判庭制定《商事审判案件评查规定》，以查促改、以查促学，进一步排查商事审判行为中的疏漏和隐患。

具体而言，评查内容有四个方面：第一个方面是案件的程序处理，具体包括诉讼费缴纳金额是否准确、普通程序结案是否经合议、是否按规定期限移送上诉卷宗等内容；第二个方面是案件的实体处理，具体包括法律适用是否存在偏差、对当事人的诉讼请求或反诉请求是否漏判、判决是否侵害案外人权益等内容；第三个方面是法律文书撰写，具体包括文书中是否存在关键性文字错误、格式是否正确等内容；第四个方面是庭审光盘刻录，具体包括庭审程序是否完整、庭审语言是否规范等内容。

评查方式有四种形式：第一种形式是月度评查，即每月报结后，从当月已结案件中抽查一定比例的案件；第二种形式是季度评查，即评查当季度二审改判、发回重审、指令审理案件；第三种形式是半年度评查，即年中及年底报结后，评查未结案件中转普通程序、审限扣除等需审批事项；第四种形式是特定案件和事项评查，即庭长视情况对特定类型案件或特定事项随机进行抽查。

针对2012年后商事案件量陡增的态势以及全庭人员中一半以上是近五年刚入职大学生、全庭人员平均年龄28岁的特点，朝阳法院商事审判庭更加灵活地运用评查管理方法，一方面，开展特定案件评查活动，着重加大对高比重商事案件的评查力度。例如，2012年朝阳法院商事审判庭所受理的买卖、借款、承揽、委托、保险五类纠纷为5536件，占收案总量的77.2%。加大对这五类案件的评查，能够集中整理审判工作中的重难点问题；在此基础上形成案件评查报告，帮助各类人员提升办案水平、进一步统一裁判尺度。为了将评查管理的成果进一步固定化，更好地监控办案风险点，朝阳法院商事审判庭依据评查结果出台《商事审判案件审批规定》《商事审判诉讼财产保全操作规则》以及类案办理指导规则，重点加强了对案件办理中薄弱环节的督导和指引。另一方面，开展入职五年以内人员办理案件的评查活动，着重加大对新任职法官和书记员办理案件的检查与督导力度。同时，这种专项评查方式也是商事审判“传帮带”的重要载体。根据案件评查的结果，了解新任职法官和书记员的办案习惯及可能存在的短板，并根据这些特点为其配备不同类型的“带教法官”“导师”进行言传身教，帮助其解惑答疑，指导其进行庭审、撰写文书等。

三、突出绩效管理的激励功能，挖掘商事法官执法办案的最大潜能

自2008年1月开始，朝阳法院商事审判庭就开始尝试以每月制作并发布《案件质量效率评估表》的方式对全庭审判人员的工作情况逐项进行统计和评价。这种绩效管理方式以数据方式反映了每个审判人员的工作情况。工作统计数据的公示，调动了全庭人员的工作积极性，保障了工作质效的提升。

截至2013年7月，朝阳法院商事审判庭的52名干警中，超过3/4的干警拥有研究生以上学历。知识储备较为充足，接受教导的吸收能力较好，富有进取心和工作热情成为这个集体的重要特征。面对工作压力较大、物质激励机制不足、人员年龄普遍偏轻的情况，如何让他们进一步克服可能存在的懈怠心理、最大程度释放执法办案的潜能，成为商事审判领导们需要考虑的问题。

2013 年，朝阳法院商事审判庭在原来公示工作统计数据的基础上，进一步突出绩效管理的激励功能，出台了《商事审判质效奖励办法》。在绩效管理主体上，全庭设立考核奖励评定小组，考核奖励评定小组由庭长、副庭长、内勤组成，庭长任组长。在绩效奖励方式上，对高质高效完成审判任务的法官和书记员分季度和年度予以自主学习时间的奖励，并且所奖励的自主学习可以累积后统一应用。

值得一提的是，绩效考核本身作为一种审判管理方法，也有一定的有限性。为了避免绩效考核中可能出现的过分追求结案数量、忽视办案质量的情况，朝阳法院商事审判庭也采取了有针对性的预防措施。例如，对审判员而言，案件有定错情况的，相应减少所奖励的自主学习时间；对书记员而言，案件移送上诉、归档、报结出现差错的，相应减少所奖励的自主学习时间。再如，如果发现为了增加结案数而违反报结规定或引导当事人不当撤诉的情况，不但不奖励学习时间，而且给予相应的惩处措施。

通过强化流程管理、评查管理、绩效管理三种管理路径，朝阳法院商事审判庭较好地理顺了审判权与审判管理权的关系，较好地调动了各类人员的工作积极性，较好地提升了全庭的审判工作质效。2012 年，全庭结案 6828 件，同比提升 41.4%；一线办案法官人均结案 362 件，同比提升 44.2%，居全院 17 个审判业务部门之首。截至 2013 年 8 月，全庭结案 4247 件，同比提升 12.2%；一线办案法官人均结案 224 件，同比提升 12.9%；并且案件发改率呈现逐渐下降态势。近年来，朝阳法院商事审判庭先后获得北京市法院系统优秀党支部、北京市人民满意的政法单位等荣誉和称号，多名干警获得北京市“三八”红旗奖章、首都劳动奖章、北京市法院系统先进法官等荣誉和称号。

[最新立法司法动态]

最高人民法院

关于审理独立保函纠纷案件若干问题的规定（征求意见稿）

（2013年11月29日）

为正确审理独立保函纠纷案件，根据《中华人民共和国民法通则》《中华人民共和国合同法》《中华人民共和国担保法》《中华人民共和国涉外民事关系法律适用法》《中华人民共和国民事诉讼法》等法律，结合审判实践，制定本规定：

第一条【独立保函的定义】

本规定所称的独立保函，是指由担保人依照保函申请人的指示开立的，凭与保函条款相符的付款请求书或其他单据，在保函载明的最高金额内向受益人付款的书面承诺。

前款所称的其他单据，是指保函载明的受益人请求付款时必须提交的汇票、发票、不履行债务的证明或陈述、法院判决或仲裁裁决等书面文件。

本规定所称的独立反担保函，是指由反担保人开立的，以担保人为受益人的独立保函。

第二条【独立保函和从属性保证的区分】

保函载明见索即付、适用国际商会《见索即付保函统一规则》，或担保人付款义务不受基础法律关系以及其他法律关系影响的，人民法院一般应当认定该保函为独立保函，但保函没有载明据以付款的单据条件，或未载明最高付款金额的除外。

【第二种意见】【独立保函不适用于国内交易】独立保函及其所对应的基础法律关系均不具有涉外因素，当事人主张保函独立性的约定有效的，人民法院不予支持。

第三条【担保人的资格】

人民法院应当根据担保人经常居所地法律，认定担保人是否具备开立独立保函的行为能力。

对于不具备担保经营业务资质的我国企业、组织和个人开立的独立保函，当事人主张保函独立性的约定有效的，人民法院不予支持。

第四条【独立性约定无效的处理】

独立保函的独立性约定无效，当事人主张保函为从属性保证的，人民法院应予支持。

第五条【涉外独立保函的准据法】

担保人和受益人之间的涉外独立保函争议适用保函约定的法律。当事人主张涉外独立保函争议应当适用基础法律关系所适用的准据法的，人民法院不予支持。

担保人和受益人在一审法庭辩论终结前一致选择或变更保函争议应适用的法律的，人民法院应予准许。

保函未约定法律适用，担保人和受益人在一审法庭辩论终结前亦未就法律适用达成一致的，人民法院应当适用担保人经常居所地法律。保函由担保人分支机构开立的，担保人经常居所地为该分支机构所在地。

第六条【对外担保】

独立保函构成对外担保的，人民法院应当根据《中华人民共和国涉外民事关系法律适用法》第四条的规定，直接适用我国法律关于对外担保的强制性规定。

我国境内银行开立的独立保函构成对外担保，当事人以该保函未经外汇主管部门审批或登记为由，主张保函无效的，人民法院不予支持。

第七条【交易示范规则的并入】

独立保函约定适用《见索即付保函统一规则》《国际备用信用证惯例》等相关交易示范规则，或担保人和受益人在一审法庭辩论终结前一致选择适用相关交易示范规则的，人民法院应当认定相关交易示范规则构成保函条款的组成部分。

未经保函约定或当事人一致选择，一方当事人主张保函适用交易示范规则的，人民法院不予支持。

第八条【独立性原则】

受益人提交的单据与独立保函条款之间、单据与单据之间表面相符，受益人请求担保人依据独立保函承担付款责任的，人民法院应予支持。

担保人以基础法律关系、保函申请关系以及其他法律关系对付款义务提出抗辩的，人民法院不予支持，但有本规定第十八条规定的情形的除外。

第九条【表面相符的判断标准】

当事人就是否构成表面相符发生争议时，人民法院应当根据保函约定的审单标准进行审查；保函没有约定的，人民法院可以参照适用国际商会确定的相关审单标准。

受益人提交的单据与独立保函条款之间、单据与单据之间表面上不等同一致，但并不导致相互之间产生歧义的，人民法院应当认定构成表面相符。

第十条【担保人逾期拒付的责任】

担保人自收到受益人付款请求之次日起超过7个营业日未发出拒付通知，或在前述期限内发出拒付通知但未列明不符点，其以受益人付款请求存在不符点为由主张拒付的，人民法院不予支持。

独立保函对审单期限另有约定的，从其约定。

第十一条【担保人对不符点的独立判断】

担保人以受益人付款请求存在不符点为由拒绝付款，受益人以保函申请人已接受不符点为由主张担保人应当承担付款责任的，人民法院不予支持。

第十二条【追偿权及抗辩事由】

担保人依据独立保函付款后向保函申请人追偿的，人民法院应予支持，但受益人付款请求存在不符点的除外。

担保人能够提供证据证明保函申请人已书面明示接受不符点的，对担保人的追偿请求，人民法院应予支持。

第十三条【付款请求权的消灭】

独立保函具有下列情形之一，受益人主张其享有付款请求权的，人民法院不予支持：

（一）保函的有效期届满；

（二）担保人已经支付了保函项下的应付款项；

（三）保函金额减额至零；

（四）担保人收到受益人出具的解除保函责任的文件。

第十四条【保函有效期的推定】

根据独立保函条款以及应当适用的法律均无法确定保函有效期的，保函有效期自开立之日起满三年届满。独立反担保函的有效期自独立保函的有效期届满之日起满三十日届满。

保函脱离担保人的控制，即为开立。

本规定实施前已经开立的独立保函具有第一款情形的，保函有效期自本规定实施之日起计算。

【第二种意见】删除本条，即允许当事人约定无限期的独立保函，对保函有效期不作规定。

第十五条【受益人付款请求权的转让】

当事人主张独立保函项下受益人的付款请求权随主债权转移而转移的，人民法院不予支持。

保函未约定受益人可以转让付款请求权，当事人主张受益人转让付款请求权的行为有效的，人民法院不予支持。

第十六条【受益人付款请求权的法定继受】

受益人发生死亡、解散、清算、破产等情形的，人民法院应当根据受益人经常居所地法律确定有权行使付款请求权的主体。

第十七条【保证金不得扣划】

对保函申请人为开立独立保函所交纳的保证金，人民法院在审理或执行案件时，依法可以采取冻结措施，但不得扣划。

第十八条【独立保函的欺诈情形】

受益人的付款请求具有下列情形之一的，人民法院可以认定构成欺诈：

（一）受益人与保函申请人或第三方恶意串通，没有真实基础交易的；

（二）受益人提交的单据记载内容虚假或系伪造的；

（三）根据独立保函的类型和目的，受益人的付款请求没有可信依据的。

担保人知道或应当知道受益人欺诈，仍在独立保函项下恶意付款，并请求反担保人付款；或未收到受益人付款请求，即请求反担保人付款的，人民法院可以认定担保人的付款请求构成欺诈。

第十九条【受益人明显滥用索赔权构成欺诈的情形列举】

具有以下情形之一的，人民法院可以认定符合本规定第十八条第（三）项的规定：

（一）根据受益人的付款请求及单据的记载内容，担保人没有付款义务的；

（二）对基础法律关系争议具有管辖权的法院或仲裁机构终局裁决认定债务人没有付款或赔偿责任的；

（三）债务人已完全履行了独立保函保障的债务的；

（四）独立保函所保障的债务不履行事件或风险并未发生的；

（五）受益人明显滥用付款请求权的其他情形。

第二十条【止付令的申请条件】

保函申请人、债务人、担保人或反担保人在诉前或诉讼中申请中止支付独立保函款项的，应当向对保函欺诈纠纷案件具有管辖权的人民法院递交书面申请，并对可能存在本规定第十八条规定的情形提供相应的证据。

当事人提交的止付申请不符合前款规定的条件的，人民法院不予受理。

第二十一条【止付申请的担保】

止付申请人提出申请时应当提供担保。

止付申请人未提供充分有效的担保的，人民法院应当裁定驳回申请。

【第二种意见】增加一款：人民法院确定担保范围时，应当考虑独立保函被中止支付可能给相关当事人造成的损失，包括因此产生的诉讼费用支出。

第二十二条【裁定期限】

人民法院受理止付申请后，应当在四十八小时内作出书面裁定。

人民法院在前述期限内，必要时可以询问单方或各方当事人。

第二十三条【裁定列明的当事人】

人民法院对止付申请作出的裁定，应当列明申请人、被申请人和第三人。

担保人和反担保人可以作为第三人申请参加诉讼，人民法院也可以通知其作为第三人参加诉讼。

第二十四条【裁定止付的条件】

人民法院受理止付申请后，认为同时符合下列条件的，可以裁定担保人或反担保人中止支付被请求的款项：

（一）根据止付申请人提交的证据，具有本规定第十八条规定的情形之较高可能性的；

（二）如不采取止付措施，将会使止付申请人的合法权益受到难以弥补的损害的。

人民法院作出的止付裁定应当包含初步查明的事实和止付理由。

对人民法院在诉前作出的止付裁定，止付申请人在裁定作出后三十日内未依法提起独立保函欺诈纠纷诉讼的，人民法院应当解除止付裁定。

【第二种意见】（一）根据止付申请人提交的证据，明显存在本规定第十八条规定的情形的。

第二十五条【裁定的复议】

当事人对人民法院就止付申请作出的裁定有异议的，可以在裁定书送达之日起十日内申请复议。当事人住所地在中华人民共和国领域外的，可以在裁定书送达之日起三十日内申请复议。复议期间，不停止原裁定的执行。

当事人对裁定申请再审的，人民法院不予受理。

【第二种意见】【向上一级人民法院复议】当事人对人民法院就止付申请作出的裁定有异议的，可以在裁定书送达之日起十日内向上一级人民法院申请复议。当事人住所地在中华人民共和国领域外的，可以在裁定书送达之日起三十日内向上一级人民法院申请复议。复议期间，不停止原裁定的执行。

第二十六条【裁定的效力】

人民法院作出的止付裁定的效力，维持到独立保函欺诈纠纷终审判决生效时止。

人民法院也可以根据具体案情，确定裁定的效力期限。

【第二种意见】删除第二款。

第二十七条【基础法律关系争议的有限审查】

人民法院在审理独立保函欺诈纠纷案件或处理止付申请过程中，可以就本规定第十八条规定的情形对基础法律关系争议进行必要的有限审查。

当事人以基础法律关系争议受其他法院管辖或仲裁解决为由，主张人民法院不应审查基础法律关系争议的，人民法院不予支持。

第二十八条【欺诈情形的排除】

止付申请人或原告仅以受益人违约或基础法律关系争议已提起诉讼或仲裁为由请求止付的，人民法院不予支持。

对方当事人提交对基础法律关系争议具有管辖权的法院判决或仲裁裁决，证明受益人付款请求有可信依据的，人民法院应当及时驳回止付申请或请求。

第二十九条【终局判决】

人民法院通过对独立保函欺诈纠纷的审理，认定存在本规定第十八条规定的情形的，应当判决担保人或反担保人终止支付保函项下被请求的款项。

【第二种意见】建议删除该条。

第三十条【独立保函纠纷的管辖】

因独立保函的开立、通知、修改、转让、付款、追偿等发生的纠纷由中级以上人民法院管辖。当事人书面协议选择争议提交仲裁或中华人民共和国领域外的法院管辖的除外。

独立保函欺诈纠纷由被请求止付的担保人或反担保人住所地中级以上人民法院管辖。当事人以独立保函或基础法律关系约定争议解决条款为由提出管辖权异议的，人民法院不予支持。

第三十一条【本规定排除适用的范围】

与备用信用证有关的纠纷，不适用本规定。

【第二种意见】与独立保函性质相同的备用信用证，可以参照适用本规定。

第三十二条【溯及力规定】

本规定自　年　月　日起施行。施行后尚未终审的案件，适用本规定；施行前已经终审的案件，当事人申请再审或者按照审判监督程序决定再审的，不适用本规定。

最高人民法院

关于扣押与拍卖船舶相关问题的规定（征求意见稿）

（2013年11月29日）

为规范海事诉讼中船舶的扣押与拍卖，根据《中华人民共和国民事诉讼法》《中华人民共和国海事诉讼特别程序法》等法律，结合司法实践，制定本规定。

第一条【其他保全措施】

海事请求人申请对船舶采取限制转让、抵押、光船租赁等保全措施的，海事法院可以裁定准许并通知船舶登记机关协助执行。但该保全措施不影响其他海事请求人申请扣押船舶。

第二条【同时扣船】

海事法院应不同海事请求人的申请，可以对已经被扣押的船舶采取扣押的保全措施。

先扣押船舶的海事请求人未申请拍卖的，后扣押船舶的海事请求人可以依据海事诉讼特别程序法第二十九条的规定，向准许其保全申请的海事法院申请拍卖船舶。

第三条【光租船舶的拍卖】

船舶因光船承租人对海事请求负有责任而被扣押的，海事请求人可以依据海事诉讼特别程序法第二十九条的规定，申请拍卖船舶用于清偿光船承租人经营该船舶产生的相关债务。

前款规定不影响其他海事请求人向船舶所有人依法行使权利。

第四条【海事请求人提供担保的例外】

海事请求人申请扣押船舶的，海事法院应当责令其提供担保，但具有下列情形之一的可以不要求提供担保：

（一）海事请求人资信良好，具有承担相应民事责任的能力且不存在执行障碍；

（二）因船员劳务合同、海上人身损害赔偿纠纷申请扣押船舶且事实清楚、债权债务关系明确。

第五条【海事请求人担保数额的确定】

海事法院在决定海事请求人提供担保的数额时，应按照《最高人民法院关于适用〈中华人民共和国海事诉讼特别程序法〉若干问题的解释》第二十四条的规定，确定可能造成的损失。

海事法院依照海事诉讼特别程序法第十六条的规定，责令海事请求人提供担保时，船期损失、维持费用和支出可暂按30日扣押期间计算。情况紧急时，可以允许海事请求人分批提供担保。

第六条【海事请求人担保的调整】

船舶扣押期间，海事请求人提供的担保数额可能不足时，海事法院应责令其追加担保。

被请求人对海事请求人提供的担保提出异议，经审查合理的，海事法院应责令海事请求人更换或追加担保。

海事请求人因船舶实际扣押期间少于其担保的扣押期间，依据海事诉讼特别程序法第七十七条的规定要求返还相应担保的，海事法院应予准许。

第七条【海事请求人担保的返还】

存在下列情形之一的，海事法院可以返还海事请求人为申请扣押船舶提交的担保：

（一）被请求人同意返还；

（二）被请求人在船舶被解除扣押或者拍卖后六个月内，没有提起关于扣押船舶错误索赔诉讼或仲裁；

（三）发生法律效力的判决书、调解书或仲裁裁决书认定被请求人负有责任，且赔偿或给付金额与海事请求人申请扣船时要求被请求人提供担保的数额基本相当。

第八条【扣押期间的管理】

船舶扣押期间的安全与管理由船舶所有人或光船承租人负责。

船舶所有人或光船承租人不履行安全管理职责的，海事法院可委托第三人或者海事请求人管理。船舶在此期间的风险与费用由被请求人承担。海事请求人申请解除船舶扣押的，该项费用由海事请求人承担。

第九条【保全与诉讼分别管辖】

船舶被扣押后，海事请求人依据海事诉讼特别程序法第十九条的规定，向其他有管辖权的海事法院提起诉讼的，由扣押船舶的海事法院继续实施保全措施。

第十条【扣前终结执行】

海事请求人在扣押船舶裁定执行前撤回扣押船舶申请，海事法院裁定准许的，应一并裁定终结原扣押船舶裁定的执行。

扣押船舶裁定作出后无法执行的，海事法院应裁定终结执行。

第十一条【拍卖公告期】

第一次拍卖船舶的公告期间，适用海事诉讼特别程序法第三十二条的规定，不得少于三十日。需要再次拍卖的，拍卖公告适用拍卖法第四章第二节的规定，公告期间不得少于七日。

第十二条【拍卖的实施】

拍卖船舶由拍卖船舶委员会实施，海事法院不得另行委托拍卖机构进行拍卖。

第十三条【保留价的确定】

海事法院拍卖船舶应当依据评估价确定保留价。保留价不得公开。

第一次拍卖时，保留价不得低于评估价的百分之八十；因流拍需要再行拍卖的，可以酌情降低保留价，但每次降低的数额不得超过前次保留价的百分之二十。

第十四条【有底价变卖】

对经过两次拍卖仍然流拍的船舶，可以进行变卖。变卖价格不得低于评估价的百分之五十。

第十五条【无底价变卖】

船舶经变卖仍未成交的，经已受理登记债权三分之二以上份额的债权人同意，可以进行无底价变卖处理。仍未成交的，海事法院可以解除船舶扣押，组织拍卖、变卖产生的费用由拍卖申请人承担。

第十六条【拍卖消灭其他保全措施】

船舶经海事法院拍卖、变卖处理后，此前针对该船舶采取的其他保全措施效力消灭。

第十七条【债权登记期间】

海事诉讼特别程序法第一百一十一条规定的申请债权登记期间的届满之日，为拍卖船舶连续公告最后一次发布之日起第六十日。

第十八条【债权登记裁定时间】

海事法院受理债权登记申请后，应当在船舶被拍卖、变卖成交后，依照海事诉讼特别程序法第一百一十四条的规定作出是否准予的裁定。

第十九条【债权登记例外】

申请扣押船舶的海事请求人，在船舶拍卖后，可以不经过债权登记，直接参与船舶价款的分配。

第二十条【债权登记的终结】

海事法院裁定终止拍卖船舶的，应同时裁定终结债权登记受偿程序，债权人已经交纳的债权登记申请费由申请终止拍卖船舶的当事人负担。因无法成交而终止拍卖的，债权登记申请费由申请拍卖船舶的当事人负担。

第二十一条【债权登记前已受理案件的审理】

当事人在债权登记前已经就有关债权提起诉讼的，继续按原程序进行审理，当事人对海事法院作出的判决、裁定可以依法提起上诉。

第二十二条【确权诉讼的例外】

债权人依据海事诉讼特别程序法第一百一十六条第一款的规定提起确权诉讼后，需要判定碰撞船舶过失程度比例的，案件的审理不适用海事诉讼特别程序法规定的确权诉讼程序，当事人对海事法院作出的判决、裁定可以依法提起上诉。

第二十三条【船舶价款的分配】

海事法院拍卖、变卖船舶所得价款及其利息，先行拨付海事诉讼特别程序法第一百一十九条第二款规定的费用后，在已经登记的债权范围内，按照下列顺序进行分配：

（一）具有船舶优先权的海事请求；

（二）由船舶留置权担保的海事请求；

（三）由船舶抵押权担保的海事请求；

（四）与被拍卖、变卖船舶有关的其他海事请求。

依据海事诉讼特别程序法第二十三条第二款的规定申请扣押船舶的海事请求人申请拍卖船舶的，在前款规定海事请求清偿后，参与船舶价款的分配。

依照前款规定分配后的余款，按照民事诉讼法及有关司法解释的规定执行。

第二十四条【未足额受偿债权的执行】

船舶拍卖价款分配完毕后，没有足额受偿的债权人包括确权诉讼判决、裁定确定的债权人，就未足额受偿的部分，可以另行申请强制执行。

第二十五条【破产企业船舶的拍卖】

海事法院接受委托，拍卖破产企业所有的船舶，应按照海事诉讼特别程序法的规定，对享有船舶优先权、留置权、抵押权等优先受偿的债权完成债权登记与受偿程序后，将剩余船舶价款移交受理企业破产案件的人民法院。

第二十六条【船舶担保物权实现程序】

当事人依据民事诉讼法第十五章第七节的规定，申请拍卖船舶实现船舶担保物权的，由船舶所在地或船籍港所在地的海事法院管辖，按照海事诉讼特别程序法以及本规定关于船舶拍卖受偿程序的规定处理。

第二十七条【适用范围】

本规定关于拍卖船舶的规定，适用于海事法院在海事请求保全以及执行程序中的拍卖船舶。

第二十八条【时间效力】

本规定施行前本院作出的有关司法解释与本规定相抵触的，以本规定为准。

本规定施行前已经实施的船舶扣押与拍卖，本规定施行后当事人申请复议的，不适用本规定。

第二十九条【废止94卖船规定】

本规定自颁布之日起施行。本院一九九四年七月六日发布的《关于海事法院拍卖被扣押船舶清偿债务的规定》同时废止。

《最新法律文件解读》丛书

稿　约

《最新法律文件解读》是一套以为最新法律规范提供同步"解读"为主的系列丛书,分为刑事、民事、商事、行政与执行4个分册,按月出版。

本丛书以"解读"为重点,突出全、专、新、快、准等特点,通过对最新出台的法律、法规、司法解释、部门规章以及重要地方性法规进行同步动态解读,弥补了法律、法规、司法解释汇编类出版物没有同步阐释、解读内容的不足,为广大读者学习理解最新法律规范,正确贯彻执行法律文件,及时解决实践中的新情况、新问题,提供一个全方位、多层面的法律信息平台。

欢迎您向以下栏目赐稿:

【最新法律文件解读】主要是对最新颁行的法律文件进行解读,帮助司法和执法人员正确理解法律文件的立法背景、意义、重点内容、在适用中应注意的问题、与相关法律文件的衔接与互动关系等等。

【司法实务问题研究】主要刊登对司法理论、实务及司法管理工作中的热点、疑难问题进行研究及评论的文章。

【新类型疑难案例选评】主要是对司法和行政执法实践中具有典型性和代表性的疑难案例,结合具体案情以及审理或处理结果进行简练精辟的点评,解析认识问题的方法、处理问题的法律依据和在个案中的具体适用。

【法学前沿与新视点】以摘要的形式刊登相关法学理论研究的最新动态及具有代表性和典型性的前沿问题,扩展法学研究的深度和广度。

【法律适用问题解答】主要针对司法和行政执法实践中面临的新问题、热点问题、疑难问题进行简要地解答,指出涉及的法律关系,明确法律适用依据。

稿件一经刊用,即付稿酬,稿酬从优。

《刑事法律文件解读》　兰丽专　邮箱:lanlizhuan@ sohu. com

《民事法律文件解读》　肖瑾璟　邮箱:courtbook@ 163. com

《商事法律文件解读》　孙振宇　邮箱:shangshijiedu@ 126. com

《行政与执行法律文件解读》　丁丽娜　邮箱:dlnlaw@ 163. com

人民法院出版社

《最新法律文件解读》丛书编辑部